Grupo Auxiliar Administrativo de la Función Administrativa

SERVICIO CANARIO DE SALUD

Si aún no dispones de tu **Curso MAD360**, te ofrecemos un acceso GRATIS de 30 días para que disfrutes de los siguientes recursos:

- Técnicas de Memoria 360.
- MADTEST: Test *online* Nivel PRO.
- Temario en formato digital.
- Vídeos y esquemas.
- Planificación de estudio.
- Foro entre opositores hasta la fecha del examen.*
- Recursos y novedades exclusivas.
- Consúltanos sobre tu oposición y proceso selectivo.
- Actualizaciones legislativas (Boletines Oficiales) hasta 60 días antes de la fecha del examen.*

Para acceder a esta prueba del Curso MAD360** será necesaria la compra de todos los libros para esta especialidad de la edición 2025.

Regístrate en **mad.es/iniciar-sesion** y en la pestaña MIS CURSOS valida los códigos que encuentras en la última página de tus libros.

NOTA IMPORTANTE:

* Examen de esta categoría profesional correspondiente a la convocatoria publicada en el BOC n.º 116, de 13 de junio de 2025, o hasta el 31 de octubre de 2026, lo que se cumpla antes, y previa renovación del servicio.

** El acceso al CURSO MAD360 estará disponible desde octubre de 2025 (algunos recursos podrían estar disponibles en fecha posterior). Tendrá una duración de 30 días RENOVABLES mediante pago, desde la validación de códigos, o hasta el 30 de abril de 2027, lo que se cumpla antes.

MAD se reserva el derecho a ampliar dichas fechas.

Grupo Auxiliar Administrativo de la Función Administrativa del Servicio Canario de Salud

Septiembre, 2025

Grupo Auxiliar Administrativo de la Función Administrativa del Servicio Canario de Salud

Test del temario

Autores

LIDIA PONCE MARTÍNEZ
Licenciada en Psicología

FRANCISCO JESÚS TORRES FONSECA
Licenciado en Derecho

JUAN CARLOS USERO LÓPEZ
Licenciado en Derecho
Funcionario del Cuerpo Superior de Administradores
Generales de la Junta de Andalucía
Consejero Técnico

DOMINGO GÓMEZ MARTÍNEZ
Licenciado en Derecho
Técnico de Función Administrativa

JOSÉ LUIS GARRIDO VELA
Licenciado en Derecho

ELENA GARCÍA FERNÁNDEZ
Licenciada en Derecho

MIGUEL ÁNGEL NAVAS DUEÑAS
Ingeniero Superior en Telecomunicaciones
Profesor de Informática de Ciclos Formativos de
Grado Medio y Bachillerato

SERGIO JIMENO MOLINS
Ingeniero Superior en Telecomunicaciones Profesor de
Educación Secundaria Obligatoria y Bachillerato

© 7 Editores Recursos para la Cualificación Profesional y el Empleo, S.L. (7 Editores)
© Los autores
Primera edición, septiembre 2025 (172 páginas)
Derechos de edición reservados a favor de 7 Editores
IMPRESO EN ESPAÑA
Diseño Portada: 7 Editores
Edita: 7 Editores
Avda. San Francisco Javier, 9 · Edificio Sevilla 2 · Planta 11 · Módulos 25-27 · 41018 Sevilla
Teléfono: 954 784 411 · WEB: www.mad.es · e-mail: administracion@7editores.com
ISBN: 978-84-142-9822-0
© "Editorial Mad" y "Eduforma" son nombres comerciales registrados de
7 Editores Recursos para la Cualificación Profesional y el Empleo, S.L.

Índice

TEST N.º 1

Derechos y obligaciones en la Ley 31/1995, de 8 de noviembre de Prevención de Riesgos Laborales

1. Los representantes de los trabajadores con competencia en materia de prevención de riesgos laborales son:

a) Los miembros de la Junta de personal, Junta Facultativo y Junta de Enfermería.
b) Los técnicos de prevención de riesgos laborales.
c) El Servicio de Medicina Preventiva.
d) Los delegados de prevención.

2. ¿Qué se entiende por "riesgo laboral"?

a) La posibilidad de que un trabajador sufra un determinado daño derivado del trabajo.
b) La posibilidad de que un trabajador sufra una enfermedad en el trabajo.
c) La posibilidad de que un trabajador sufra acoso.
d) El riesgo que supone el ir a trabajar.

3. Indica cuál es la definición de prevención:

a) La probabilidad racional de que un riesgo se materialice de forma inminente.
b) El estudio de los procesos potencialmente peligrosos para el trabajo.
c) Conjunto de actividades o medidas adoptadas o previstas en todas las fases de actividad de la empresa con el fin de evitar o disminuir los riesgos derivados del trabajo.
d) Posibilidad de que un trabajador sufra un determinado daño derivado del trabajo.

4. Según recoge el artículo 4 de la Ley 31/1995, quedan específicamente incluidas en la definición de condición de trabajo:

a) Las características particulares de los locales, instalaciones, equipos, productos y demás útiles existentes en el centro de trabajo.
b) La naturaleza de los agentes físicos, químicos y biológicos presentes en el ambiente de trabajo y sus correspondientes intensidades, concentraciones o niveles de presencia.

c) Los procedimientos para la utilización de los agentes citados anteriormente que no influyan en la generación de los riesgos mencionados.

d) Todas aquellas otras características del trabajo, excluidas las relativas a su organización y ordenación, que influyan en la magnitud de los riesgos a que esté expuesto el trabajador.

5. ¿Cuál es la vigente Ley de Prevención de Riesgos Laborales?

a) Ley 32/1995, de 8 de noviembre.
b) Ley 30/1996, de 8 de noviembre.
c) Ley 31/1995, de 6 de noviembre.
d) Ley 31/1995, de 8 de noviembre.

6. Entre los principios de la acción preventiva recogidos por el artículo 15 de la Ley de Prevención de Riesgos Laborales, no figura:

a) Evitar los riesgos.
b) Evaluar los riesgos que se puedan evitar.
c) Tener en cuenta la evolución de la técnica.
d) Dar las debidas instrucciones a los trabajadores.

7. En las empresas de hasta 30 trabajadores el Delegado de Prevención será:

a) El propio empresario.
b) El trabajador más antiguo.
c) El trabajador de mayor cualificación.
d) El delegado de personal.

8. Según la Ley de Prevención de Riesgos Laborales, se constituirá un Comité de Seguridad y Salud en todas las empresas o centros de trabajo que cuenten con:

a) 30 o más trabajadores.
b) 50 o más trabajadores.
c) 75 o más trabajadores.
d) 100 o más trabajadores.

9. La evaluación de los riesgos laborales es:

a) Es un proceso técnico en la organización del trabajo.
b) Un proceso dirigido a estimar la magnitud de los riesgos que no hayan podido evitarse.
c) Es un procedimiento estático.
d) Es una práctica para el control y la protección de los trabajadores.

10. En los casos de concurrencia de trabajadores de varias empresas en un centro de trabajo cuando existe un empresario principal, uno de los deberes de vigilancia por parte de este, consistirá en:

a) Impulsar la regulación de esquemas organizativos, que eviten los accidentes de trabajo.

b) Comprobar que las empresas contratistas y subcontratistas concurrentes en su centro de trabajo han establecido los necesarios medios de coordinación entre ellas.

c) Asegurar la correcta utilización por parte de los trabajadores de las empresas concurrentes de los correspondientes dispositivos de seguridad disponibles.

d) Asegurarse de que los trabajadores concurrentes disponen de la formación preventiva correspondiente.

11. Cuando los trabajadores estén expuestos a un riesgo grave e inminente con ocasión de su trabajo, y el empresario no adopte o no permita la adopción de las medidas necesarias para garantizar la seguridad y la salud de los trabajadores, la Ley 31/1995, de 8 de noviembre, de Prevención de Riesgos Laborales prevé:

a) Los trabajadores afectados podrán paralizar la actividad.

b) El órgano de representación del personal instará formalmente al empresario a la adopción de las medidas necesarias.

c) Los Delegados de Prevención lo comunicarán a la autoridad laboral, que adoptará las medidas necesarias.

d) El órgano de representación de personal podrá acordar la paralización de la actividad.

12. Según establece el art. 4 de la Ley 31/1995, de 8 de noviembre, de Prevención de Riesgos Laborales, se define como daños derivados del trabajo:

a) La posibilidad de que un trabajador sufra un determinado daño derivado del trabajo.

b) El que resulte probable racionalmente que se materialice en un futuro inmediato y pueda suponer y pueda suponer un daño grave para la salud de los trabajadores.

c) Las enfermedades, patologías o lesiones sufridas con motivo u ocasión del trabajo.

d) Cualquier máquina, aparato, instrumento o instalación utilizada en el trabajo.

13. El art. 23 de la LPRL establece la documentación que el empresario debe elaborar y conservar a disposición de la autoridad laboral. De las siguientes no está incluido:

a) El Plan de prevención de riesgos laborales.

b) Evaluación de los riesgos para la seguridad y la salud en el trabajo.

c) La planificación de la actividad laboral.

d) La relación de accidentes de trabajo y enfermedades profesionales que hayan causado al trabajador una incapacidad laboral superior a un día de trabajo.

14. El art. 29 de la LPRL establece las obligaciones de los trabajadores en materia de prevención de riesgos. De las siguientes no se considera una obligación del trabajador:

a) Utilizar correctamente los medios y equipos de protección facilitados por el empresario, de acuerdo con las instrucciones recibidas de este.

b) Usar adecuadamente, de acuerdo con su naturaleza y los riesgos previsibles, las máquinas, aparatos, herramientas, sustancias peligrosas, equipos de transporte y, en general, cualesquiera otros medios con los que desarrollen su actividad.

c) Informar de inmediato a su superior jerárquico directo, y a los trabajadores designados para realizar las actualizaciones que consideren oportunas en el equipo de protección individual.

d) No poner fuera de funcionamiento y utilizar correctamente los dispositivos de seguridad existentes o que se instalen en los medios relacionados con su actividad o en los lugares de trabajo en los que esta tenga lugar.

15. Podrán realizar el plan de prevención de riesgos laborales, la evaluación de riesgos y la planificación de la actividad preventiva de forma simplificada, en atención a la naturaleza y peligrosidad de las actividades realizadas, empresas cuyo número de trabajadores no exceda de:

a) 30.
b) 50.
c) 80.
d) 100.

16. Los instrumentos esenciales para la gestión y aplicación del Plan de prevención de riesgos laborales son:

a) La evaluación de riesgos y la planificación de la actividad preventiva.
b) La evaluación inicial de riesgos y la formación.
c) La planificación y la gestión de la actividad preventiva.
d) La identificación y la evaluación de los riesgos.

17. El posible cambio de puesto de trabajo con riesgo para una trabajadora embarazada:

a) Deberá realizarse en caso de imposibilidad de adaptación del propio puesto.

b) Se hará previo informe en tal sentido del Servicio de Prevención.

c) Se determinará por el empresario, y dará información a los representantes de los trabajadores.

d) Se extenderá al período de lactancia.

18. La prevención de riesgos laborales deberá integrarse en el sistema general de gestión de la empresa a través de:

a) La política preventiva.
b) El plan de prevención.
c) El consenso de las partes.
d) El poder de decisión del empresario.

19. El objeto y carácter de la norma de la Ley 31/95 de Prevención de Riesgos Laborales dice:

a) La presente Ley tiene por objeto promover la salud de los trabajadores mediante la aplicación de medidas y el desarrollo de las actividades necesarias para la prevención de riesgos derivados del trabajo.
b) La presente Ley tiene por objeto promover la seguridad y la salud de los trabajadores mediante la aplicación de medidas y el desarrollo de las actividades necesarias para la prevención de riesgos derivados del trabajo.
c) La presente Ley tiene por objeto promover la seguridad de los trabajadores mediante la aplicación de medidas y el desarrollo de las actividades necesarias para la prevención de riesgos derivados del trabajo.
d) La presente Ley tiene por objeto promover la seguridad, la salud de los trabajadores y la negociación entre empresa y delegados de prevención, mediante la aplicación de medidas y el desarrollo de las actividades necesarias para la prevención de riesgos derivados del trabajo.

20. ¿Cuándo se deben utilizar los equipos de protección individual?:

a) Siempre.
b) Cuando los riesgos no hayan sido evaluados.
c) Cuando los riesgos no se puedan evitar o no puedan limitarse.
d) Cuando el trabajador lo estime oportuno.

En MADTEST tienes **más preguntas de este tema**, y todos tus avances quedan registrados y se reflejan en el ranking.

¡Supera tus límites con MADTEST!

Solución al test n.º 1

1. d) Los delegados de prevención.

2. a) La posibilidad de que un trabajador sufra un determinado daño derivado del trabajo.

3. c) Conjunto de actividades o medidas adoptadas o previstas en todas las fases de actividad de la empresa con el fin de evitar o disminuir los riesgos derivados del trabajo.

4. b) La naturaleza de los agentes físicos, químicos y biológicos presentes en el ambiente de trabajo y sus correspondientes intensidades, concentraciones o niveles de presencia.

5. d) Ley 31/1995, de 8 de noviembre.

6. b) Evaluar los riesgos que se puedan evitar.

7. d) El delegado de personal.

8. b) 50 o más trabajadores.

9. b) Un proceso dirigido a estimar la magnitud de los riesgos que no hayan podido evitarse.

10. b) Comprobar que las empresas contratistas y subcontratistas concurrentes en su centro de trabajo han establecido los necesarios medios de coordinación entre ellas.

11. d) El órgano de representación de personal podrá acordar la paralización de la actividad.

12. c) Las enfermedades, patologías o lesiones sufridas con motivo u ocasión del trabajo.

13. c) La planificación de la actividad laboral.

14. c) Informar de inmediato a su superior jerárquico directo, y a los trabajadores designados para realizar las actualizaciones que consideren oportunas en el equipo de protección individual.

15. b) 50.

16. a) La evaluación de riesgos y la planificación de la actividad preventiva.

17. a) Deberá realizarse en caso de imposibilidad de adaptación del propio puesto.

18. b) El plan de prevención.

19. b) La presente Ley tiene por objeto promover la seguridad y la salud de los trabajadores mediante la aplicación de medidas y el desarrollo de las actividades necesarias para la prevención de riesgos derivados del trabajo.

20. c) Cuando los riesgos no se puedan evitar o no puedan limitarse.

TEST N.º 2

De la Ley 41/2002, de 14 de noviembre, básica reguladora de la autonomía del paciente y de derechos y obligaciones en materia de información y documentación clínica, el derecho a la información sanitaria y derecho a la intimidad

1. La Ley de Autonomía del Paciente establece la obligatoriedad de obtener el consentimiento informado del paciente:

a) Solo en los casos de intervención quirúrgica.

b) Solo en los casos de aplicación de procedimientos que supongan grandes riesgos o inconvenientes de notoria repercusión negativa sobre su salud.

c) Para toda actuación en el ámbito de su salud.

d) La Ley no establece esta obligación.

2. Tal y como establece la Ley 41/2002, de Autonomía del Paciente, en caso de que el paciente no acepte el tratamiento se le propondrá que firme el alta voluntaria y si no la firma la Dirección del Centro:

a) Puede disponer el alta forzosa.

b) Firmará en su nombre el alta involuntaria.

c) Mantendrá el ingreso por periodo mínimo de cinco días naturales.

d) No está reconocida la negativa al tratamiento de los pacientes.

3. El derecho del paciente a no ser informado:

a) No está reconocido por la ley.

b) Podrá restringirse en cualquier momento.

c) Podrá restringirse cuando sea estrictamente necesario en beneficio del paciente.

d) Solo podrá ejercitarse si el paciente designa a un familiar o a otra persona a la que se le facilite la información.

4. El reconocimiento legal de que se respeten los deseos expresados anteriormente en el documento de *instrucciones previas* es una manifestación del derecho:

a) A la información sanitaria.
b) A la segunda opinión.
c) A la autonomía del paciente.
d) A la información post-mortem.

5. Indique la proposición incorrecta en relación con los requisitos del consentimiento:

a) Debe ser libre.
b) Debe ser voluntario.
c) La decisión de consentir debe anteceder a una información adecuada.
d) La persona que lo presta debe tener capacidad para conocer, comprender y querer el alcance de su decisión.

6. La Ley 41/2002, de Autonomía del paciente, establece que, como regla general, el consentimiento se manifestará en forma:

a) Verbal.
b) Escrita.
c) Documental.
d) Ante testigos.

7. Según establece la Ley 41/2002, de Autonomía del Paciente, el paciente o usuario tiene derecho a decidir libremente entre las opciones clínicas disponibles después de recibir:

a) Información completa.
b) Información adecuada.
c) Información documental.
d) Información escrita.

8. La renuncia del paciente a recibir información:

a) No se reconoce por la ley.
b) Está limitada por el interés de la salud del propio paciente.
c) No está limitada por el interés de la salud de terceros.
d) Ninguna de las anteriores es correcta.

9. Uno de los fundamentos éticos del consentimiento informado es el principio de *autonomía*. En aplicación del mismo el profesional sanitario tiene el deber de:

a) Evitar el mal del paciente.
b) Hacer el bien al paciente.

c) Respetar la libre determinación del paciente.

d) Actuar sin discriminación.

10. Según establece la Ley 41/2002, de Autonomía del paciente, ha de constar siempre por escrito:

a) La información al paciente.

b) El consentimiento informado.

c) La aceptación del tratamiento.

d) La negativa al tratamiento.

11. En la legislación sanitaria española, el consentimiento escrito del paciente:

a) Es una exigencia legal.

b) Es conveniente.

c) Es obligatorio en determinados supuestos.

d) No es necesario.

12. Según establece la Ley de Autonomía del Paciente, el consentimiento se prestará por escrito en el caso de:

a) Realización de una actuación sanitaria en el paciente.

b) Aplicación en el paciente de un procedimiento no invasor.

c) Intervención quirúrgica.

d) Aplicación de procedimientos de imprevisible repercusión negativa sobre la salud del paciente.

13. Para que un paciente o usuario otorgue válidamente su consentimiento a un tratamiento, el facultativo le ha de transmitir previamente:

a) Información escrita.

b) Información total y comprensible.

c) Información adecuada, comprensible y razonable.

d) Confianza.

14. La firma de un paciente analfabeto plasmada en el «documento formulario de consentimiento informado» con carácter previo a su intervención quirúrgica:

a) Significa que el paciente ha sido informado adecuadamente.

b) No tiene ninguna validez.

c) No tiene valor en sí misma, lo que no significa que no se pueda acreditar que ha existido información y ha consentido libremente.

d) Tendrá validez si incorpora una diligencia del facultativo indicando la condición del paciente.

15. En relación con el Documento de Consentimiento Informado:

a) Existe un formato unificado en el Sistema Nacional de Salud.

b) Cada Área Sanitaria fijará el suyo.

c) Las Administraciones Sanitarias, Servicios Sanitarios, Sociedades Científicas, Centros Hospitalarios, etc., fijan el que consideran más adecuado en el ámbito de sus competencias.

d) Es cierta la c), siempre que contenga tres partes: Preámbulo, Cuerpo y Aceptación.

16. Al respecto de la parte del Documento de Consentimiento Informado denominado *Aceptación*, señale la respuesta falsa:

a) Recoge la manifestación de conformidad del usuario de acogerse a la intervención o el procedimiento, debiendo suscribirla inexcusablemente con su firma.

b) Firmarán siempre el facultativo y los testigos o representantes que, en su caso, procedan.

c) En ella el usuario manifiesta que ha sido informado por el facultativo y que ha entendido lo que este le ha dicho.

d) En ella el usuario manifiesta que ha sido informado por el facultativo y que consiente en acogerse a la actuación médica propuesta.

17. ¿Qué parte del Documento de Consentimiento Informado escrito contiene la información sobre procesos alternativos para llevar a cabo el diagnóstico o el tratamiento?

a) El Preámbulo.

b) La Aceptación.

c) El reverso.

d) El Cuerpo.

18. Según determina la Ley 41/2002, el paciente tiene derecho a recibir un informe de alta:

a) Solo si ha existido ingreso hospitalario.

b) A la finalización del proceso asistencial.

c) En cuyo contenido mínimo habrán de figurar, entre otros, datos de información sanitaria epidemiológica.

d) Previa solicitud.

19. Existen supuestos legales en los que los facultativos pueden llevar a cabo las intervenciones clínicas indispensables en favor de la salud del paciente sin necesidad de contar con su consentimiento ni el de sus representantes o familiares. Señale uno de ellos:

a) Cuando el paciente esté incapacitado legalmente.

b) Cuando existe riesgo para la salud pública según determinen las autoridades sanitarias.

c) En caso de riesgo inmediato grave para la integridad física de otro paciente.

d) Cuando el paciente no sea capaz de tomar decisiones.

20. La toma en consideración de los deseos expresados anteriormente con respecto a una actuación médica en su persona por un paciente que en el momento de la intervención no se encuentra en situación de expresar su voluntad se conoce como:

a) Consentimiento.

b) Testamento vital.

c) Eutanasia activa.

d) Eutanasia pasiva.

En MADTEST tienes **más preguntas de este tema**, y todos tus avances quedan registrados y se reflejan en el ranking.

¡Supera tus límites con MADTEST!

Solución al test n.º 2

1. c) Para toda actuación en el ámbito de su salud.

2. a) Puede disponer el alta forzosa.

3. c) Podrá restringirse cuando sea estrictamente necesario en beneficio del paciente.

4. c) A la autonomía del paciente.

5. c) La decisión de consentir debe anteceder a una información adecuada.

6. a) Verbal.

7. b) Información adecuada.

8. b) Está limitada por el interés de la salud del propio paciente.

9. c) Respetar la libre determinación del paciente.

10. d) La negativa al tratamiento.

11. c) Es obligatorio en determinados supuestos.

12. c) Intervención quirúrgica.

13. c) Información adecuada, comprensible y razonable.

14. c) No tiene valor en sí misma, lo que no significa que no se pueda acreditar que ha existido información y ha consentido libremente.

15. d) Es cierta la c), siempre que contenga tres partes: Preámbulo, Cuerpo y Aceptación.

16. a) Recoge la manifestación de conformidad del usuario de acogerse a la intervención o el procedimiento, debiendo suscribirla inexcusablemente con su firma.

17. d) El Cuerpo.

18. b) A la finalización del proceso asistencial.

19. b) Cuando existe riesgo para la salud pública según determinen las autoridades sanitarias.

20. b) Testamento vital.

TEST N.º 3

De la Ley 55/2003, de 16 de diciembre, del Estatuto Marco del Personal Estatutario de los Servicios de Salud, el personal al servicio de las Instituciones Sanitarias Públicas. Normas generales. Clasificación del personal. Derechos y deberes

1. La Ley 55/2003 del Estatuto Marco de Personal Estatutario de los Servicios de Salud es aplicable:

a) Al personal estatutario de los servicios de salud.
b) Al personal sanitario excluyendo al personal de gestión y servicios.
c) Al personal funcionario de las Comunidades Autónomas.
d) Al personal funcionario del Estado.

2. El personal estatutario con nombramiento expedido para el ejercicio de una profesión o especialidad sanitaria se denomina:

a) Personal sanitario.
b) Otro personal.
c) Personal de mantenimiento.
d) Personal de gestión y servicios.

3. El personal estatutario con nombramiento expedido para el desempeño de funciones de gestión o para el desempeño de profesiones u oficios que no tengan carácter sanitario se denomina:

a) Personal universitario.
b) Personal de gestión y servicios.
c) Personal directivo.
d) Personal administrativo.

4. Según establece el art. 8 de la Ley 55/2003, de 16 de diciembre, del Estatuto Marco de los Servicios de Salud, es personal estatutario fijo:

a) El que una vez superado el correspondiente proceso selectivo, obtiene un nombramiento para el desempeño, con carácter permanente, de las funciones que de tal nombramiento se deriven.

b) Todo el personal al servicio de los Servicios de Salud.

c) El personal que realice una prestación de servicios determinados de naturaleza temporal, coyuntural o extraordinaria.

d) El personal en posesión de un contrato laboral indefinido.

5. Señala la respuesta incorrecta. Según el art. 5 del Estatuto Marco, el personal estatutario se clasifica atendiendo a:

a) La función desarrollada.

b) El nivel del título exigido para el ingreso.

c) El tipo de nombramiento.

d) El expediente laboral.

6. Conforme al artículo 9.1 del Estatuto Marco (en redacción dada por el Real Decreto-ley 12/2022, de 5 de julio, por el que se modifica la Ley 55/2003, de 16 de diciembre, del Estatuto Marco del personal estatutario de los servicios de salud) los nombramientos del Personal Estatutario Temporal de los Servicios de Salud serán:

a) Únicamente de Personal Estatutario Sanitario.

b) Personal Estatutario Contratado.

c) De interinidad.

d) Como Personal Laboral.

7. En el supuesto de existencia de plaza vacante, son estatutarios interinos los que, por razones expresamente justificadas de necesidad y urgencia, son nombrados como tales con carácter temporal para el desempeño de funciones propias de estatutarios, cuando no sea posible su cobertura por personal estatutario fijo, durante un plazo máximo de:

a) Dos años.

b) Tres años.

c) Cuatros años.

d) Seis años.

8. El incumplimiento del plazo máximo de permanencia dará lugar a una compensación económica para el personal estatutario temporal afectado, que será equivalente a:

a) Veinte días de sus retribuciones fijas por año de servicio.

b) Veinte días de su sueldo, más trienios y complemento de destino por año de servicio.

c) Veinte días de todas sus retribuciones por año de servicio.
d) Veinte días de su sueldo por año de servicio.

9. Conforme a lo dispuesto en el artículo 2.2 de la Ley 55/2003, de 16 de diciembre, del Estatuto Marco del personal estatutario de los servicios de salud, en lo no previsto en la misma serán aplicables al personal estatutario:

a) Las disposiciones y principios generales sobre función pública de la Administración correspondiente.
b) Las disposiciones de derecho laboral, dictadas al amparo del artículo 149.1.7.º de la Constitución.
c) Las disposiciones sobre función pública de la Administración del Estado, en todo caso, conforme a lo dispuesto en el artículo 149.3 de la Constitución.
d) El convenio colectivo del personal laboral al servicio de la Administración correspondiente.

10. Conforme al artículo 6.2 de la Ley 55/2003, de 16 de diciembre, del Estatuto Marco del personal estatutario de los servicios de salud, atendiendo al nivel académico del título exigido para el ingreso, el personal estatutario sanitario de formación profesional se divide en:

a) Técnicos sanitarios y Auxiliares de Enfermería.
b) Técnicos superiores y Técnicos.
c) Técnicos superiores y Técnicos de gestión.
d) Técnicos especialistas y Técnicos.

11. De conformidad con lo previsto en la Ley 55/2003, de 16 de diciembre, del Estatuto Marco del personal estatutario de los servicios de salud, cuando resulte necesario atender las funciones de personal fijo o temporal, durante los períodos de vacaciones, permisos y demás ausencias de carácter temporal que comporten la reserva de la plaza, se nombrará:

a) Personal estatutario de sustitución.
b) Personal estatutario eventual.
c) Personal estatuario interino.
d) Personal estatutario ocasional.

12. El Estatuto Marco del personal estatutario de los servicios de salud:

a) Tiene por objeto establecer las bases reguladoras de la relación funcionarial especial del personal estatutario de los servicios de salud.
b) Es aplicable al personal estatutario que desempeña su función en los centros e instituciones sanitarias de los servicios de salud de las comunidades autónomas.
c) Es aplicable al personal estatutario que desempeña su función en los centros y servicios sanitarios de la Administración General del Estado.
d) Todas son correctas.

13. La categoría profesional de Celador está comprendida dentro del grupo de:

a) Personal de gestión y servicios.
b) Personal no estatutario.
c) Personal estatutario sanitario.
d) Personal estatutario de formación profesional.

14. La Ley 55/2003 del Estatuto Marco de Personal Estatutario de los Servicios de Salud es de aplicación:

a) Al personal estatutario que integra las profesiones sanitarias.
b) Al personal estatutario que desempeña su función en los centros e instituciones sanitarias de los servicios de salud.
c) Al personal funcionario de los servicios de salud de las Comunidades Autónomas.
d) Al personal sanitario, excluyendo el personal de gestión y servicios.

15. El Estatuto Marco clasifica al personal estatutario de los servicios de salud, atendiendo a la función desarrollada, al nivel del título exigido para el ingreso y al tipo de su nombramiento en:

a) Personal estatutario sanitario y personal estatutario de gestión y servicios.
b) Personal estatutario facultativo, personal estatutario sanitario y personal no sanitario.
c) Personal estatutario de gestión y servicios y personal estatutario facultativo.
d) Todas las respuestas son correctas.

16. Según la clasificación del personal estatutario sanitario establecida en la Ley 55/2003, de 16 de diciembre, del Estatuto Marco del personal estatutario de los servicios de salud ¿cuál de los siguientes NO está incluido en el personal de formación universitaria?

a) Licenciados sanitarios.
b) Diplomados con título de Especialista en Ciencias de la Salud.
c) Técnicos superiores.
d) Diplomados sanitarios.

17. ¿Mediante qué Ley es aprobado el Estatuto Marco del Personal Estatutario?

a) Ley 55/2003.
b) Ley 2/1998.
c) Ley 14/1986.
d) Ley 31/1995.

18. ¿Cuál de los siguientes NO constituye un derecho individual recogido en el artículo 17 del Estatuto Marco del personal estatutario?

a) Descanso necesario mediante la implantación de turnos.
b) Formación continuada adecuada a la función desempeñada.

c) Percepción puntual de las retribuciones e indemnizaciones por razón del servicio en cada caso establecidas.

d) La movilidad voluntaria, promoción interna y desarrollo profesional.

19. El Estatuto Marco del Personal Estatutario de los Servicios de Salud está regulado por:

a) Una Ley orgánica.
b) Una Ley ordinaria.
c) Un Real Decreto.
d) Un Reglamento.

20. En relación con los derechos y deberes regulados en el Estatuto Marco, no se considera un derecho colectivo:

a) El derecho a la huelga.
b) El derecho a la actividad sindical.
c) El derecho a la reunión.
d) El derecho a la estabilidad en el empleo.

En MADTEST tienes **más preguntas de este tema**, y todos tus avances quedan registrados y se reflejan en el ranking.

¡Supera tus límites con MADTEST!

Solución al test n.º 3

1. a) Al personal estatutario de los servicios de salud.

2. a) Personal sanitario.

3. b) Personal de gestión y servicios.

4. a) El que una vez superado el correspondiente proceso selectivo, obtiene un nombramiento para el desempeño, con carácter permanente, de las funciones que de tal nombramiento se deriven.

5. d) El expediente laboral.

6. c) De interinidad.

7. b) Tres años.

8. a) Veinte días de sus retribuciones fijas por año de servicio.

9. a) Las disposiciones y principios generales sobre función pública de la Administración correspondiente.

10. b) Técnicos superiores y Técnicos.

11. a) Personal estatutario de sustitución.

12. d) Todas son correctas.

13. a) Personal de gestión y servicios.

14. b) Al personal estatutario que desempeña su función en los centros e instituciones sanitarias de los servicios de salud.

15. a) Personal estatutario sanitario y personal estatutario de gestión y servicios.

16. c) Técnicos superiores.

17. a) Ley 55/2003.

18. a) Descanso necesario mediante la implantación de turnos.

19. b) Una Ley ordinaria.

20. d) El derecho a la estabilidad en el empleo.

De la Ley 55/2003, de 16 de diciembre, del Estatuto Marco del Personal Estatutario de los Servicios de Salud, el personal al servicio de las Instituciones Sanitarias Públicas. Jornada de trabajo. Situaciones del personal estatutario

1. Según el Estatuto Marco, siempre que la duración de la jornada exceda de seis horas continuadas, deberá establecerse un periodo de descanso durante la misma de al menos:

a) 10 minutos.
b) 15 minutos.
c) 20 minutos.
d) 30 minutos.

2. La jornada realizada por el personal estatutario fuera de la jornada ordinaria de trabajo con el fin de garantizar la adecuada atención permanente al usuario de los centros sanitarios, se denomina:

a) Jornada extraordinaria.
b) Jornada complementaria.
c) Jornada partida.
d) Jornada de servicios localizados.

3. La jornada ordinaria de trabajo del personal estatutario en los centros sanitarios:

a) Se determinará en las normas dictadas por la administración.
b) Se determinará en los pactos o acuerdos alcanzados.
c) Se determinará en las normas, pactos o acuerdos, según en cada caso resulte procedente.
d) Se pactará individualmente con cada trabajador.

4. Se entiende por tiempo de trabajo:

a) El período en el que el personal permanece en el centro sanitario, a disposición del mismo y en ejercicio efectivo de su actividad y funciones.
b) El período en el que el personal permanece en el centro sanitario.
c) El período que el personal dedica al ejercicio efectivo de su actividad y funciones.
d) Ninguna es correcta.

5. El Personal Estatutario tendrá derecho a una vacación retribuida:

a) No inferior a 30 días naturales.
b) A un mínimo de 22 días hábiles.
c) A un mes.
d) A 30 días hábiles.

6. El objeto perseguido por el Estatuto Marco en materia de tiempo de trabajo y régimen de descansos es:

a) El establecimiento de las disposiciones mínimas para la protección de la seguridad y salud del personal estatutario en materia de ordenación del tiempo de trabajo.
b) El establecimiento de las disposiciones mínimas para la organización de los servicios y la gestión del tiempo de trabajo.
c) El establecimiento de las disposiciones necesarias en dicha materia para garantizar en todo momento las necesidades asistenciales.
d) Todas son correctas.

7. La duración máxima conjunta de los tiempos de trabajo correspondientes a la jornada complementaria y a la jornada ordinaria será de:

a) 48 horas continuadas.
b) 48 horas semanales.
c) 12 horas continuadas.
d) 12 horas diarias en el cómputo total del semestre.

8. El período mínimo de descanso ininterrumpido entre el fin de una jornada y el comienzo de la siguiente es de:

a) 8 horas.
b) 12 horas.
c) 24 horas.
d) 9 horas.

9. El tiempo de trabajo correspondiente a la jornada ordinaria no excederá:

a) De 12 horas ininterrumpidas.
b) De 24 horas de forma no continuada.

c) De 8 horas continuadas.

d) De 16 horas diarias en jornada partida.

10. Salvo que mediante acuerdo, pacto o convenio colectivo se establezca otro cómputo, la duración máxima conjunta de los tiempos de trabajo correspondientes a la jornada complementaria y a la jornada ordinaria será de:

a) 48 horas semanales de trabajo efectivo de promedio en cómputo semestral.

b) 46 horas semanales de trabajo efectivo de promedio en cómputo semestral.

c) 45 horas semanales de trabajo efectivo de promedio en cómputo semestral.

d) 43 horas semanales de trabajo efectivo de promedio en cómputo semestral.

11. Los excesos de jornada tendrán el carácter de jornada complementaria y un límite máximo de:

a) No hay límite máximo de horas.

b) 125 horas al año.

c) 135 horas al año.

d) 150 horas al año.

12. El personal estatutario tiene derecho a un período mínimo de descanso ininterrumpido con una duración media de:

a) 30 horas semanales.

b) 26 horas semanales.

c) 25 horas semanales.

d) 24 horas semanales.

13. El período nocturno se definirá en las normas, pactos o acuerdos que sean aplicables a cada centro sanitario y tendrá una duración mínima de:

a) Ocho horas.

b) Siete horas.

c) Siete horas y medias.

d) Seis horas.

14. El período nocturno incluirá necesariamente el período comprendido entre:

a) Las cero y las ocho horas de cada día natural.

b) Las cero y las siete horas de cada día natural.

c) Las cero y las seis horas de cada día natural.

d) Las cero y las cinco horas de cada día natural.

15. Se considerará personal nocturno al que realice normalmente, durante el período nocturno:

a) Una parte no inferior a cinco horas de su tiempo de trabajo diario.
b) Una parte no inferior a tres horas de su tiempo de trabajo diario.
c) Una parte no inferior a dos horas de su tiempo de trabajo diario.
d) Una parte no inferior a cuatro horas de su tiempo de trabajo diario.

16. El tiempo de trabajo correspondiente a la jornada ordinaria del personal nocturno no excederá de:

a) 12 horas ininterrumpidas.
b) 10 horas ininterrumpidas.
c) 9 horas ininterrumpidas.
d) 8 horas ininterrumpidas.

17. Las comunidades autónomas, en el ámbito de sus competencias, determinarán la limitación máxima de la jornada a tiempo parcial respecto a la jornada completa, con el límite máximo de:

a) El 80 % de la jornada ordinaria, en cómputo anual, o del que proporcionalmente corresponda si se trata de nombramiento temporal de menor duración.
b) El 75 % de la jornada ordinaria, en cómputo anual, o del que proporcionalmente corresponda si se trata de nombramiento temporal de menor duración.
c) El 70 % de la jornada ordinaria, en cómputo anual, o del que proporcionalmente corresponda si se trata de nombramiento temporal de menor duración.
d) El 50 % de la jornada ordinaria, en cómputo anual, o del que proporcionalmente corresponda si se trata de nombramiento temporal de menor duración.

18. Para poder obtener la excedencia voluntaria por interés particular es necesario haber prestado servicios efectivos en cualquiera de las Administraciones Públicas durante:

a) Los cinco años inmediatamente anteriores.
b) Los cuatro años inmediatamente anteriores.
c) El año inmediatamente anterior.
d) No se exige periodo mínimo de prestación efectiva de servicios.

19. El artículo 24 de la Ley 55/2003, de 16 de diciembre (Estatuto Marco del Personal Estatutario de los Servicios de Salud), establece que la sanción de separación del servicio:

a) Cuando adquiere carácter firme, supone la pérdida de la condición de personal estatutario.
b) Cuando adquiere carácter provisional, supone la pérdida de la condición de personal estatutario.

c) Cuando adquiere carácter provisional, supone la pérdida de la condición de personal laboral.

d) Cuando adquiere carácter firme, supone la pérdida de la condición de personal funcionario.

20. Según el Estatuto Marco entre las situaciones administrativas del personal estatutario puede estar:

a) Servicio preferente en otra Comunidad Autónoma.

b) En régimen de cesión en la Administración General de Estado.

c) Destacado en los Servicios provinciales de las Delegaciones de Hacienda.

d) Suspensión de funciones.

En MADTEST tienes **más preguntas de este tema**, y todos tus avances quedan registrados y se reflejan en el ranking.

¡Supera tus límites con MADTEST!

Solución al test n.º 4

1. b) 15 minutos.

2. b) Jornada complementaria.

3. c) Se determinará en las normas, pactos o acuerdos, según en cada caso resulte procedente.

4. a) El período en el que el personal permanece en el centro sanitario, a disposición del mismo y en ejercicio efectivo de su actividad y funciones.

5. a) No inferior a 30 días naturales.

6. a) El establecimiento de las disposiciones mínimas para la protección de la seguridad y salud del personal estatutario en materia de ordenación del tiempo de trabajo.

7. b) 48 horas semanales.

8. b) 12 horas.

9. a) De 12 horas ininterrumpidas.

10. a) 48 horas semanales de trabajo efectivo de promedio en cómputo semestral.

11. d) 150 horas al año.

12. d) 24 horas semanales.

13. b) Siete horas.

14. d) Las cero y las cinco horas de cada día natural.

15. b) Una parte no inferior a tres horas de su tiempo de trabajo diario.

16. a) 12 horas ininterrumpidas.

17. b) El 75 % de la jornada ordinaria, en cómputo anual, o del que proporcionalmente corresponda si se trata de nombramiento temporal de menor duración.

18. a) Los cinco años inmediatamente anteriores.

19. a) Cuando adquiere carácter firme, supone la pérdida de la condición de personal estatutario.

20. d) Suspensión de funciones.

TEST N.º 5

De la Ley 55/2003, de 16 de diciembre, del Estatuto Marco del Personal Estatutario de los Servicios de Salud, la adquisición y pérdida de la condición de personal estatutario fijo. Provisión de plazas, selección y promoción interna. Movilidad del personal. Carrera profesional. Retribuciones. Incompatibilidades

1. ¿Cómo se denomina el personal estatutario que, una vez superado el correspondiente proceso selectivo, obtiene un nombramiento para el desempeño con carácter permanente de las funciones que de tal nombramiento se deriven?

a) Permanente.
b) No temporal.
c) Definitivo.
d) Fijo.

2. El acceso a la condición de personal estatutario se rige por los principios de:

a) Legalidad, igualdad, publicidad y mérito.
b) Mérito, capacidad, antigüedad y publicidad.
c) Igualdad, mérito, capacidad y publicidad en la selección.
d) Transparencia, objetividad, publicidad y mérito.

3. ¿Qué sistema de selección del personal estatuario consiste en la evaluación de la competencia, aptitud e idoneidad de los aspirantes para el desempeño de las correspondientes funciones a través de la valoración con arreglo a baremo de los aspectos más significativos de los correspondientes currículos, así como a establecer su orden de prelación?

a) La oposición.
b) El Concurso.
c) El concurso-oposición.
d) La libre designación.

4. Señala la respuesta incorrecta respecto a las comisiones de servicio:

a) El personal estatutario podrá ser destinado en comisión de servicios, con carácter temporal, al desempeño de funciones especiales no adscritas a una determinada plaza o puesto de trabajo.

b) Quien se encuentre en comisión de servicios no tendrá derecho a la reserva de su plaza o puesto de trabajo de origen.

c) Por necesidades del servicio, y cuando una plaza o puesto de trabajo se encuentre vacante o temporalmente desatendido, podrá ser cubierto en comisión de servicios, con carácter temporal, por personal estatutario de la correspondiente categoría y especialidad.

d) Cuando por necesidades del servicio, y cuando una plaza o puesto de trabajo se encuentre vacante o temporalmente desatendido, sea cubierta en comisión de servicios, con carácter temporal, por personal estatutario, el interesado percibirá las retribuciones correspondientes a la plaza o puesto efectivamente desempeñado, salvo que sean inferiores a las que correspondan por la plaza de origen, en cuyo caso se percibirán estas.

5. La selección del personal estatutario fijo se efectuará con carácter general a través del sistema de:

a) Oposición.
b) Concurso.
c) Concurso-oposición.
d) Libre designación.

6. ¿Qué sistema de selección del personal estatuario consiste en la celebración de una o más pruebas dirigidas a evaluar la competencia, aptitud e idoneidad de los aspirantes para el desempeño de las correspondientes funciones, así como a establecer su orden de prelación?

a) La oposición.
b) El Concurso.
c) El concurso-oposición.
d) La libre designación.

7. El personal estatutario temporal podrá estar sujeto a un período de prueba, durante el que será posible la resolución de la relación estatutaria a instancia de cualquiera de las partes. Dicho período de prueba, en el caso de personal de formación universitaria, no podrá superar:

a) El mes de trabajo efectivo.
b) Los dos meses de trabajo efectivo.
c) Los tres meses de trabajo efectivo.
d) Dicho personal no tendrá período de prueba.

8. Respecto al resto de personal, el periodo de prueba no podrá superar:

a) El mes de trabajo efectivo.
b) Los dos meses de trabajo efectivo.
c) Los tres meses de trabajo efectivo.
d) Los cinco meses de trabajo efectivo.

9. ¿Quién estará exento del periodo de prueba?

a) Quien ya lo hubiera superado con ocasión de un anterior nombramiento temporal para la realización de funciones de las mismas características en el mismo servicio de salud en los tres años anteriores a la expedición del nuevo nombramiento.

b) Quien ya lo hubiera superado con ocasión de un anterior nombramiento temporal para la realización de funciones de las mismas características en el mismo servicio de salud en los dos años anteriores a la expedición del nuevo nombramiento.

c) Quien ya lo hubiera superado con ocasión de un anterior nombramiento temporal para la realización de funciones de las mismas características en cualquier servicio de salud en los tres años anteriores a la expedición del nuevo nombramiento.

d) Quien ya lo hubiera superado con ocasión de un anterior nombramiento temporal para la realización de funciones de las mismas características en cualquier servicio de salud en los dos años anteriores a la expedición del nuevo nombramiento.

10. Para participar en los procesos selectivos para la promoción interna será requisito ostentar la titulación requerida y estar en servicio activo, y con nombramiento como personal estatutario fijo durante, al menos:

a) Un año en la categoría de procedencia.
b) Dos años en la categoría de procedencia.
c) Tres años en la categoría de procedencia.
d) Cinco años en la categoría de procedencia.

11. No se exigirá el requisito de titulación para el acceso a las categorías del Personal de Formación Profesional, salvo que sea necesaria una titulación, acreditación o habilitación profesional específica para el desempeño de las nuevas funciones, siempre que el interesado ostente la titulación exigida en el grupo inmediatamente inferior al de la categoría a la que aspira a ingresar y haya prestado servicios durante:

a) Dos años en la categoría de origen.
b) Tres años en la categoría de origen.
c) Cuatro años en la categoría de origen.
d) Cinco años en la categoría de origen.

12. Los procedimientos de movilidad voluntaria se efectuarán con carácter periódico, preferentemente cada:

a) Seis meses.
b) Un año.
c) Dos años.
d) Cuatro años.

13. Los procedimientos de movilidad voluntaria se resolverán mediante el sistema de concurso, previa convocatoria pública y de acuerdo con los principios de:

a) Legalidad, igualdad y oportunidad.
b) Publicidad, mérito y capacidad.
c) Igualdad, mérito y capacidad.
d) Legalidad, igualdad y transparencia.

14. Cuando de un procedimiento de movilidad se derive cambio en el servicio de salud de destino, el plazo de toma de posesión será de:

a) Tres días a contar desde el día del cese en el destino anterior.
b) Siete días naturales a contar desde el día del cese en el destino anterior.
c) Quince días a contar desde el día del cese en el destino anterior.
d) Un mes a contar desde el día del cese en el destino anterior.

15. Respecto a la pregunta anterior, ¿en qué plazo deberá de tener lugar el cese en el destino anterior?

a) En los tres días siguientes a la notificación o publicación del nuevo destino adjudicado.
b) En los cinco días siguientes a la notificación o publicación del nuevo destino adjudicado.
c) En los siete días siguientes a la notificación o publicación del nuevo destino adjudicado.
d) En los quince días siguientes a la notificación o publicación del nuevo destino adjudicado.

16. ¿Cuál de los siguientes no es uno de los principios básicos por los que se rige la provisión de plazas del personal estatutario?

a) Integración en el régimen organizativo y funcional del servicio de salud y de sus instituciones y centros.
b) Planificación eficiente de las necesidades de recursos y programación periódica de las convocatorias.
c) No movilidad del personal en el conjunto del Sistema Nacional de Salud.
d) Coordinación, cooperación y mutua información entre las Administraciones sanitarias públicas.

17. ¿Qué complemento está destinado a retribuir el especial rendimiento, el interés o la iniciativa del titular del puesto, así como su participación en programas o actuaciones concretas y la contribución del personal a la consecución de los objetivos programados, previa evaluación de los resultados conseguidos?

a) El complemento específico.
b) El complemento de productividad.
c) El complemento de atención continuada.
d) El complemento de carrera.

18. ¿En cuántas pagas se abona el importe anual del complemento de destino?

a) En 14 pagas.
b) En 12 pagas.
c) En 10 pagas.
d) En 2 pagas.

19. ¿Qué complemento está destinado a retribuir las condiciones particulares de algunos puestos en atención a su especial dificultad técnica?

a) El complemento de atención continuada.
b) El complemento de carrera.
c) El complemento específico.
d) El complemento de destino.

20. En el Estatuto Marco se establece que el personal estatutario en comisión de servicios percibirá las retribuciones:

a) Correspondientes a las funciones especiales que realice en el puesto de destino.
b) De su plaza o puesto de origen.
c) Proporcional a cada Centro.
d) Correspondientes a la plaza o puesto efectivamente desempeñado, salvo que sean inferiores a las que correspondan por la plaza de origen, en cuyo caso se percibirán estas.

En MADTEST tienes **más preguntas de este tema**, y todos tus avances quedan registrados y se reflejan en el ranking.

¡Supera tus límites con MADTEST!

Solución al test n.º 5

1. d) Fijo.

2. c) Igualdad, mérito, capacidad y publicidad en la selección.

3. b) El Concurso.

4. b) Quien se encuentre en comisión de servicios no tendrá derecho a la reserva de su plaza o puesto de trabajo de origen.

5. c) Concurso-oposición.

6. a) La oposición.

7. c) Los tres meses de trabajo efectivo.

8. b) Los dos meses de trabajo efectivo.

9. b) Quien ya lo hubiera superado con ocasión de un anterior nombramiento temporal para la realización de funciones de las mismas características en el mismo servicio de salud en los dos años anteriores a la expedición del nuevo nombramiento.

10. b) Dos años en la categoría de procedencia.

11. d) Cinco años en la categoría de origen.

12. c) Dos años.

13. c) Igualdad, mérito y capacidad.

14. d) Un mes a contar desde el día del cese en el destino anterior. (Apart. 3.2.)

15. a) En los tres días siguientes a la notificación o publicación del nuevo destino adjudicado.

16. c) No movilidad del personal en el conjunto del Sistema Nacional de Salud.

17. b) El complemento de productividad.

18. a) En 14 pagas.

19. c) El complemento específico.

20. d) Correspondientes a la plaza o puesto efectivamente desempeñado, salvo que sean inferiores a las que correspondan por la plaza de origen, en cuyo caso se percibirán estas.

TEST N.º 6

De la Ley 39/2015, de 1 de octubre, del Procedimiento Administrativo Común de las Administraciones Públicas, objeto de la ley y ámbito subjetivo de aplicación. La capacidad de obrar y el concepto de interesado. De la actividad de las Administraciones Públicas: normas generales de actuación. Términos y plazos. Requisitos de los actos administrativos. La notificación de los actos administrativos

1. **La Constitución en el artículo 103.1 señala los principios que deben regir la actuación de las Administraciones Públicas en el que debe ser un servicio objetivo de los intereses generales con sometimiento pleno a la ley y al Derecho; entre estos principios NO figura:**

a) Jerarquía.
b) Concentración.
c) Descentralización.
d) Coordinación.

2. **Uno de los objetivos de la Ley 39/2015, de 1 de octubre, del Procedimiento Administrativo Común de las Administraciones Públicas, es:**

a) Regular las bases del régimen jurídico de las Administraciones Públicas.
b) Establecer los principios del sistema de responsabilidad de las Administraciones Públicas y de la potestad sancionadora.
c) Establecer la organización y funcionamiento de la Administración General del Estado y de su sector público institucional para el desarrollo de sus actividades.
d) Regular los principios a los que se ha de ajustar el ejercicio de la iniciativa legislativa y la potestad reglamentaria.

3. **Podrán incluirse trámites adicionales o distintos a los contemplados en la LPACAP con todos los requisitos siguientes (señala la respuesta incorrecta):**

a) Mediante ley.
b) Cuando resulte eficaz, proporcionado y necesario para la consecución de los fines propios del procedimiento.

c) Cuando se trate de una pluralidad indefinida de interesados.
d) De manera motivada.

4. Según el artículo 3 de la LPACAP, ¿tienen capacidad de obrar los grupos de afectados, las uniones y entidades sin personalidad jurídica y los patrimonios independientes o autónomos?

a) Sí, en todo caso.
b) No, en ningún caso.
c) Sí, siempre que demuestren un interés legítimo.
d) Sí, cuando la ley así lo declare expresamente.

5. Puede actuar en representación de otras personas ante las Administraciones Públicas:

a) Cualquier persona física.
b) Cualquier persona jurídica.
c) Cualquier persona física con capacidad de obrar.
d) Cualquier persona.

6. En caso de representación de otras personas ante las Administraciones Públicas, no es necesario acreditar la representación:

a) Para actos de mero trámite.
b) Para formular solicitudes.
c) Para interponer recursos.
d) Para renunciar a derechos en nombre de otra persona.

7. El órgano administrativo podrá conceder un plazo para aportar o subsanar la falta o insuficiente acreditación de la representación teniendo por realizado el acto de que se trate. Dicho plazo, por regla general, es de:

a) 5 días.
b) 10 días.
c) 15 días.
d) 7 días.

8. Los poderes que se inscriban en los registros electrónicos generales y particulares de apoderamientos tendrán una validez determinada máxima, a contar desde la fecha de inscripción, de:

a) 3 años.
b) 5 años.
c) 7 años.
d) 10 años.

9. Cuando en una solicitud, escrito o comunicación figure una pluralidad de interesados sin que se haya fijado un representante, o cuál de ellos les representa, las actuaciones a que den lugar se efectuarán:

a) Con todos ellos.
b) Con quien decida el órgano administrativo.
c) Con cualquiera de ellos aleatoriamente.
d) Con el que figure en primer término.

10. Según el artículo 53.1 de la LPACAP, los interesados en un procedimiento administrativo, tienen los siguientes derechos (señala la respuesta incorrecta):

a) A obtener información y orientación acerca de los requisitos jurídicos o técnicos que las disposiciones vigentes impongan a los proyectos, actuaciones o solicitudes que se propongan realizar.
b) A conocer, en cualquier momento, los actos de trámite dictados.
c) A identificar a las autoridades y al personal al servicio de las Administraciones Públicas bajo cuya responsabilidad se tramiten los procedimientos.
d) A no presentar, en ningún caso, documentos originales.

11. La comparecencia de las personas ante las oficinas públicas, ya sea presencialmente o por medios electrónicos, será obligatoria:

a) Cuando el procedimiento se inicie a instancia de parte.
b) Cuando así esté previsto en una norma con rango de ley.
c) En todo caso.
d) En ningún caso.

12. En relación al cómputo de plazos en el procedimiento, es cierto, conforme a la LPACAP, que:

a) Son hábiles todas las horas del día que formen parte de un día hábil.
b) Dentro de un día hábil, se consideran hábiles las horas comprendidas entre las 9 y las 14 horas.
c) Dentro de un día hábil, se consideran hábiles las horas comprendidas entre las 9 y las 14 horas, y entre las 17 y las 20 horas.
d) Dentro de un día hábil, se consideran hábiles las horas comprendidas entre las 9 de la mañana y las 9 de la noche.

13. ¿Qué calendario de días inhábiles se aplicará en los registros electrónicos a efectos del cómputo de plazos?

a) El que se publique al efecto en el Boletín Oficial del Estado para todos los registros.
b) El que se publique al efecto en el boletín oficial de la Comunidad Autónoma para todos los registros ubicados en ella.

c) El que determine la sede electrónica del registro de cada Administración Pública u Organismo.

d) El que determine la sede electrónica del ayuntamiento en cuyo municipio se ubique el registro.

14. Cuando los plazos se señalen por horas:

a) Se entenderá siempre que estas son hábiles.

b) Los plazos se contarán de hora en hora y de minuto en minuto desde la hora y minuto en que tenga lugar la notificación o publicación del acto de que se trate.

c) Son hábiles las horas del día que formen parte de la jornada laboral de un día hábil.

d) Las Administraciones Públicas no pueden fijar plazos de horas.

15. En el cómputo de días hábiles no se excluyen, por regla general:

a) Los domingos.

b) Los días declarados festivos.

c) Los sábados.

d) Los días en que haya declarada una huelga general del personal de la Administración Pública correspondiente.

16. Los acuerdos sobre ampliación de plazos o sobre su denegación:

a) Son susceptibles de recurso de alzada.

b) Son susceptibles de recurso potestativo de reposición.

c) Son susceptibles de cualquier tipo de recurso administrativo.

d) No son susceptibles de recurso.

17. ¿Cuál de las siguientes afirmaciones en relación a la autenticación de copias, es cierta?

a) Las copias auténticas tienen la misma validez que los documentos originales pero distinta eficacia.

b) Las copias auténticas de documentos privados no pueden surtir efectos administrativos.

c) Las copias auténticas realizadas por una Administración Pública solo tienen validez en su ámbito funcional.

d) Los interesados podrán solicitar, en cualquier momento, la expedición de copias auténticas de los documentos públicos administrativos que hayan sido válidamente emitidos por las Administraciones Públicas.

18. Es una condición para poder conceder una ampliación de los plazos establecidos en un procedimiento administrativo:

a) Que el plazo ya hubiera vencido.

b) Que la ampliación no exceda de un tercio de los plazos establecidos.

c) Que se produzca de oficio.

d) Que las circunstancias lo aconsejen.

19. La aplicación al procedimiento de la tramitación de urgencia supone la reducción a la mitad de los plazos establecidos para el procedimiento ordinario:

a) Salvo los relativos a la presentación de solicitudes.

b) Salvo los relativos a la presentación de recursos.

c) Salvo los relativos a la presentación de solicitudes y recursos.

d) Salvo los relativos a la audiencia a los interesados y a la presentación de solicitudes y recursos.

20. Según el artículo 15 de la LPACAP, la lengua de los procedimientos tramitados por la Administración General del Estado será:

a) Cualquiera de las lenguas oficiales existentes en España que elija el interesado.

b) La que requiera el instructor del procedimiento.

c) El castellano.

d) Dependiendo de la Comunidad Autónoma donde se instruya el procedimiento, cualquier lengua oficial en ella.

En MADTEST tienes **más preguntas de este tema**, y todos tus avances quedan registrados y se reflejan en el ranking.

¡Supera tus límites con MADTEST!

Solución al test n.º 6

1. b) Concentración.

2. d) Regular los principios a los que se ha de ajustar el ejercicio de la iniciativa legislativa y la potestad reglamentaria.

3. c) Cuando se trate de una pluralidad indefinida de interesados.

4. d) Sí, cuando la ley así lo declare expresamente.

5. c) Cualquier persona física con capacidad de obrar.

6. a) Para actos de mero trámite.

7. b) 10 días.

8. b) 5 años.

9. d) Con el que figure en primer término.

10. d) A no presentar, en ningún caso, documentos originales.

11. b) Cuando así esté previsto en una norma con rango de ley.

12. a) Son hábiles todas las horas del día que formen parte de un día hábil.

13. c) El que determine la sede electrónica del registro de cada Administración Pública u Organismo.

14. b) Los plazos se contarán de hora en hora y de minuto en minuto desde la hora y minuto en que tenga lugar la notificación o publicación del acto de que se trate.

15. d) Los días en que haya declarada una huelga general del personal de la Administración Pública correspondiente.

16. d) No son susceptibles de recurso.

17. d) Los interesados podrán solicitar, en cualquier momento, la expedición de copias auténticas de los documentos públicos administrativos que hayan sido válidamente emitidos por las Administraciones Públicas.

18. d) Que las circunstancias lo aconsejen.

19. c) Salvo los relativos a la presentación de solicitudes y recursos.

20. c) El castellano.

TEST N.º 7

De la Ley 39/2015, de 1 de octubre, del Procedimiento Administrativo Común de las Administraciones Públicas, el procedimiento administrativo común: garantías e iniciación del procedimiento

1. ¿En qué título de la Ley 39/2015, de 1 de octubre, del Procedimiento Administrativo Común de las Administraciones Públicas, se tratan las disposiciones sobre el procedimiento administrativo común?

a) Título I.
b) Título II.
c) Título III.
d) Título IV.

2. En relación a las medidas provisionales, no es cierto que:

a) Solo podrán adoptarse antes de iniciarse el procedimiento administrativo.
b) Las medidas provisionales podrán ser alzadas o modificadas durante la tramitación del procedimiento, de oficio o a instancia de parte, en virtud de circunstancias sobrevenidas o que no pudieron ser tenidas en cuenta en el momento de su adopción.
c) Se extingan cuando surta efectos la resolución administrativa que ponga fin al procedimiento correspondiente.
d) No se podrán adoptar medidas provisionales que puedan causar perjuicio de difícil o imposible reparación a los interesados o que impliquen violación de derechos amparados por las leyes.

3. Una vez adoptadas medidas provisionales antes de la iniciación del procedimiento, deberán ser confirmadas, modificadas o levantadas en el acuerdo de iniciación del procedimiento, que deberá efectuarse a partir de su adopción, dentro de:

a) Los 10 días siguientes.
b) Los 15 días siguientes.
c) Los 20 días siguientes.
d) Los 30 días siguientes.

4. Iniciado el procedimiento, el órgano administrativo competente para resolver, podrá adoptar, de oficio o a instancia de parte y de forma motivada, las medidas provisionales que estime oportunas para asegurar la eficacia de la resolución que pudiera recaer, si existiesen elementos de juicio suficientes para ello, de acuerdo con los principios de (señalar la respuesta incorrecta):

a) Efectividad.

b) Menor onerosidad.

c) Intencionalidad.

d) Proporcionalidad.

5. En relación a la acumulación de procedimientos regulada en el artículo 57 de la LPACAP, no es cierto que:

a) Los procedimientos tengan que guardar identidad sustancial o íntima conexión.

b) Contra el acuerdo de acumulación no proceda recurso alguno.

c) Que deba ser el mismo órgano que dispone la acumulación quien deba tramitar y resolver el procedimiento.

d) La acumulación siempre se deberá disponer de oficio.

6. La propuesta de iniciación del procedimiento formulada por cualquier órgano administrativo que no tiene competencia para iniciar el mismo y que ha tenido conocimiento de las circunstancias, conductas o hechos objeto del procedimiento, bien ocasionalmente o bien por tener atribuidas funciones de inspección, averiguación o investigación:

a) Vincula al órgano competente para iniciar el procedimiento, en todo caso.

b) Faculta al órgano competente a ceder al órgano que la formuló la competencia para iniciar el procedimiento, guardándose él la instrucción y resolución del mismo.

c) No vincula al órgano competente para iniciar el procedimiento, si bien deberá comunicar al órgano que la hubiera formulado los motivos por los que, en su caso, no procede la iniciación.

d) Vincula al órgano competente para iniciar el procedimiento, si el órgano que formuló la propuesta de iniciación pertenece a la misma Administración.

7. En relación al inicio del procedimiento por denuncia, es cierto que:

a) Si los hechos pudieran constituir una infracción administrativa, la denuncia deberá recoger la identificación de los presuntos responsables para que se pueda iniciar el procedimiento.

b) Cuando la denuncia invocara un perjuicio en el patrimonio de las Administraciones Públicas no se podrá dictar la no iniciación del procedimiento.

c) Cuando el denunciante haya participado en la comisión de una infracción de esta naturaleza y existan otros infractores, el órgano competente para resolver el procedimiento no podrá eximir al denunciante del pago de la multa u otro tipo de sanción de carácter no pecuniario que le correspondiera a cambio de aportar elementos de prueba que permitan iniciar el procedimiento o comprobar la infracción.

d) La presentación de una denuncia no confiere, por sí sola, la condición de interesado en el procedimiento.

8. Los procedimientos administrativos se iniciarán:

a) Únicamente de oficio.
b) Únicamente a solicitud de personas interesadas.
c) De oficio o a solicitud de personas interesadas.
d) A solicitud de cualquier persona, aunque no sea interesada.

9. Si la solicitud de iniciación del procedimiento no reúne los requisitos exigidos por la legislación aplicable, se requerirá al interesado para que subsane la falta o acompañe los documentos preceptivos, en un plazo de:

a) 7 días.
b) 10 días.
c) 15 días.
d) 20 días.

10. El documento mediante el que los interesados ponen en conocimiento de la Administración Pública competente sus datos identificativos o cualquier otro dato relevante para el inicio de una actividad o el ejercicio de un derecho, es denominado en la LPACAP:

a) Declaración responsable.
b) Comunicación.
c) Solicitud.
d) Instancia.

11. En relación a la declaración responsable y la comunicación, es cierto que:

a) Ambas deben presentarse antes del inicio de la actividad.
b) La declaración responsable podrá presentarse dentro de un plazo posterior al inicio de la actividad.
c) La comunicación podrá presentarse dentro de un plazo posterior al inicio de la actividad cuando la legislación correspondiente lo prevea expresamente.
d) Ambas podrán presentarse dentro de un plazo posterior al inicio de la actividad.

12. El procedimiento, sometido al principio de celeridad, se impulsará de oficio en todos sus trámites y a través de medios electrónicos, respetando los principios de:

a) Transparencia y publicidad.
b) Coordinación y operatividad.
c) Sigilo y seguridad jurídica.
d) Efectividad y proporcionalidad.

13. Salvo en el caso de que en la norma correspondiente se fije plazo distinto, los trámites que deban ser cumplimentados por los interesados deberán realizarse a partir del siguiente al de la notificación del correspondiente acto, en el plazo de:

a) 5 días.
b) 7 días.
c) 10 días.
d) 15 días.

14. Las cuestiones incidentales que se susciten en el procedimiento:

a) No suspenderán la tramitación del mismo, excepto las que se refieran a la nulidad de actuaciones.
b) Salvo la recusación; no suspenderán la tramitación del procedimiento, incluso las que se refieran a la nulidad de actuaciones.
c) Suspenderán la tramitación del procedimiento, excepto la recusación y las que se refieran a la nulidad de actuaciones.
d) Suspenderán la tramitación del procedimiento, incluso la recusación y las cuestiones incidentales que se refieran a la nulidad de actuaciones.

15. El artículo 77 de la LPACAP prevé un período extraordinario de prueba a petición de los interesados, que podrá acordar el instructor cuando lo considere necesario, por un plazo:

a) No inferior a 10 días.
b) No superior a treinta días ni inferior a diez.
c) No superior a 10 días.
d) De 10 días.

16. Salvo que una disposición o el cumplimiento del resto de los plazos del procedimiento permita o exija otro plazo mayor o menor, los informes deben emitirse a través de medios electrónicos en el plazo de:

a) 10 días.
b) 15 días.
c) 20 días.
d) 30 días

17. El órgano al que corresponda la resolución del procedimiento, cuando la naturaleza de este lo requiera, podrá acordar un período de información pública que se anunciará en el Diario Oficial correspondiente, determinando el plazo para formular alegaciones, que en ningún caso podrá ser:

a) Superior a 30 días.
b) Inferior a 10 días.
c) Inferior a 20 días.
d) Superior a 20 días.

18. En relación a la resolución del procedimiento, no es cierto que:

a) La resolución que ponga fin al procedimiento deba decidir todas las cuestiones planteadas por los interesados y aquellas otras derivadas del mismo.

b) En los procedimientos tramitados a solicitud del interesado, la resolución será congruente con las peticiones formuladas por este, pudiéndose agravar su situación inicial.

c) La aceptación de informes o dictámenes servirá de motivación a la resolución cuando se incorporen al texto de la misma.

d) Sin perjuicio de la forma y lugar señalados por el interesado para la práctica de las notificaciones, la resolución del procedimiento se dictará electrónicamente.

19. El plazo máximo en el que debe notificarse la resolución expresa será el fijado por la norma reguladora del correspondiente procedimiento. Salvo que una norma con rango de Ley establezca uno mayor o así venga previsto en el Derecho de la Unión Europea este plazo no podrá exceder de:

a) 2 meses.
b) 3 meses.
c) 4 meses.
d) 6 meses.

20. Cuando una Administración Pública requiera a otra para que anule o revise un acto que entienda que es ilegal y que constituya la base para el que la primera haya de dictar en el ámbito de sus competencias:

a) Podrá suspender el transcurso del plazo máximo legal para resolver el procedimiento y notificar la resolución.

b) Suspenderá el transcurso del plazo máximo legal para resolver el procedimiento y notificar la resolución.

c) Podrá anular el procedimiento.

d) Deberá anular el procedimiento.

Solución al test n.º 7

1. d) Título IV.

2. a) Solo podrán adoptarse antes de iniciarse el procedimiento administrativo.

3. b) Los 15 días siguientes.

4. c) Intencionalidad.

5. d) La acumulación siempre se deberá disponer de oficio.

6. c) No vincula al órgano competente para iniciar el procedimiento, si bien deberá comunicar al órgano que la hubiera formulado los motivos por los que, en su caso, no procede la iniciación.

7. d) La presentación de una denuncia no confiere, por sí sola, la condición de interesado en el procedimiento.

8. c) De oficio o a solicitud de personas interesadas.

9. b) 10 días.

10. b) Comunicación.

11. c) La comunicación podrá presentarse dentro de un plazo posterior al inicio de la actividad cuando la legislación correspondiente lo prevea expresamente.

12. a) Transparencia y publicidad.

13. c) 10 días.

14. b) Salvo la recusación; no suspenderán la tramitación del procedimiento, incluso las que se refieran a la nulidad de actuaciones.

15. c) No superior a 10 días.

16. a) 10 días.

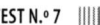

17. c) Inferior a 20 días.

18. b) En los procedimientos tramitados a solicitud del interesado, la resolución será congruente con las peticiones formuladas por este, pudiéndose agravar su situación inicial.

19. d) 6 meses.

20. b) Suspenderá el transcurso del plazo máximo legal para resolver el procedimiento y notificar la resolución.

TEST N.º 8

De la Ley 39/2015, de 1 de octubre, del Procedimiento Administrativo Común de las Administraciones Públicas, la eficacia del acto administrativo. Invalidez de los actos: nulidad y anulabilidad. El silencio administrativo

1. A tenor del art. 100 de la Ley 39/2015, de 1 de octubre, del Procedimiento Administrativo Común de las Administraciones Públicas, la ejecución forzosa por las Administraciones Públicas se efectuará, respetando siempre el principio de:

a) Legalidad.
b) Igualdad.
c) Eficacia.
d) Proporcionalidad.

2. Cuando de una resolución administrativa, o de cualquier otra forma de finalización del procedimiento administrativo, nazca una obligación de pago derivada de una sanción pecuniaria, multa o cualquier otro derecho que haya de abonarse a la Hacienda pública, este se efectuará preferentemente, salvo que se justifique la imposibilidad de hacerlo, utilizando:

a) Domiciliación bancaria.
b) Transferencia bancaria.
c) Tarjeta de crédito y débito.
d) Todas las respuestas son correctas.

3. El plazo máximo en el que debe notificarse la resolución expresa será el fijado por la norma reguladora del correspondiente procedimiento. Este plazo no podrá exceder, salvo que una norma con rango de Ley establezca uno mayor o así venga previsto en el Derecho de la Unión Europea, de:

a) Seis meses.
b) Tres meses.
c) Un mes.
d) Quince días hábiles.

4. Los actos de las Administraciones Públicas sujetos al Derecho Administrativo serán inmediatamente ejecutivos, salvo que:

a) Se trate de una resolución de un procedimiento de naturaleza sancionadora contra la que quepa algún recurso en vía administrativa, incluido el potestativo de reposición.
b) Se produzca la suspensión de la ejecución del acto.
c) Se necesite aprobación o autorización superior.
d) Todas las respuestas son correctas.

5. ¿Qué recurso cabe contra el acuerdo que resuelva sobre la ampliación de plazos?

a) De alzada.
b) De reposición.
c) Extraordinario de revisión.
d) Ninguno.

6. Contra un acto administrativo que se funde únicamente en la nulidad de alguna disposición administrativa de carácter general:

a) No cabe ningún tipo de recurso administrativo.
b) Es posible interponer recurso de alzada o potestativo de reposición.
c) Sólo cabe el recurso de alzada.
d) Sólo cabe la reclamación económico-administrativa.

7. La Administración está obligada a dictar resolución expresa y a notificarla en todos los procedimientos cualquiera que sea su forma de iniciación:

a) En todos los casos.
b) Salvo en caso de prescripción, renuncia del derecho, caducidad del procedimiento o desistimiento de la solicitud, así como de desaparición sobrevenida del objeto del procedimiento.
c) Salvo en los casos de silencio con efecto desestimatorio.
d) Excepto en los supuestos de terminación del procedimiento por pacto o convenio, así como los procedimientos relativos al ejercicio de derechos sometidos únicamente al deber de declaración responsable o comunicación a la Administración. (Apart. 3.1.)

8. En los procedimientos iniciados a solicitud del interesado, sin perjuicio de la resolución que la Administración debe dictar, el vencimiento del plazo máximo sin haberse notificado resolución expresa:

a) Legitima al interesado a entender estimada su pretensión por silencio administrativo en todo caso.
b) Provoca la desestimación de la pretensión ejercitada por silencio administrativo negativo.

c) Tiene como único efecto la posibilidad de permitir a los interesados la interposición del recurso administrativo o contencioso-administrativo que resulte procedente.

d) No exime de la obligación de resolver expresamente, que será estimativa en caso de que el sentido del silencio sea positivo, y sin vinculación alguna, en caso de silencio negativo.

9. En los procedimientos iniciados de oficio en los que la Administración ejercite potestades sancionadoras o, en general, de intervención, susceptibles de producir efectos desfavorables o de gravamen, ante el incumplimiento de la obligación legal de resolver:

a) Se producirá la caducidad de los mismos.

b) Se entenderán desestimadas las pretensiones por silencio administrativo.

c) Se entenderán estimadas las pretensiones por silencio administrativo.

d) No exime de la obligación de resolver expresamente, que será estimativa en caso de que el sentido del silencio sea positivo, y sin vinculación alguna, en caso de silencio negativo.

10. Según determina el art. 37 de la Ley 39/2015, de 1 de octubre, del Procedimiento Administrativo Común de las Administraciones Públicas, las resoluciones administrativas que vulneren lo establecido en una disposición reglamentaria se consideran:

a) Válidas.

b) Nulas.

c) Anulables.

d) Irregulares.

11. Salvo que en los mismos se disponga otra cosa, los actos de las Administraciones Públicas sujetos al Derecho Administrativo se presumirán válidos y producirán efectos desde:

a) Su publicación.

b) El día siguiente al de su publicación.

c) La fecha en que se dicten.

d) Todas las respuestas son correctas.

12. Las Administraciones Públicas deben, en todo caso, informar a los interesados:

a) Del plazo máximo establecido para la notificación de los actos que pongan término a los procedimientos.

b) Del plazo máximo establecido para la resolución de los procedimientos.

c) De los efectos que pueda producir el silencio administrativo.

d) Todas las respuestas son correctas.

13. El Texto Refundido de la Ley del Estatuto Básico del Empleado Público, considera «el notorio incumplimiento de las funciones esenciales inherentes al puesto de trabajo o funciones encomendadas», como falta:

a) Muy grave.
b) Grave.
c) Menos grave.
d) Leve.

14. El transcurso del plazo máximo legal para resolver un procedimiento y notificar la resolución se podrá suspender cuando se soliciten informes preceptivos a un órgano de la misma o distinta Administración, por el tiempo que medie entre la petición, que deberá comunicarse a los interesados, y la recepción del informe, que igualmente deberá ser comunicada a los mismos. Este plazo de suspensión no podrá exceder en ningún caso de:

a) Seis meses.
b) Tres meses.
c) Sesenta días.
d) Treinta días.

15. En los procedimientos iniciados a solicitud del interesado el vencimiento del plazo máximo sin haberse notificado resolución expresa, legitima al interesado o interesados para entenderla estimada por silencio administrativo, excepto:

a) En los supuestos en los que una norma de Derecho de la Unión Europea establezca lo contrario.
b) En los supuestos en los que una norma de Derecho internacional aplicable en España establezca lo contrario.
c) En los supuestos en los que una norma con rango de ley establezca lo contrario.
d) Todas las respuestas son correctas.

16. ¿En qué caso podrán las resoluciones administrativas de carácter particular vulnerar lo establecido en una disposición de carácter general?

a) Cuando procedan de un órgano de igual jerarquía al que dictó la disposición general.
b) Cuando procedan de un órgano de superior jerarquía al que dictó la disposición general.
c) Cuando procedan de un órgano de igual o superior jerarquía al que dictó la disposición general.
d) En ningún caso.

17. Cuando una Administración interponga recurso contencioso-administrativo contra otra, podrá requerirla previamente para que derogue la disposición, anule o revoque el acto, haga cesar o modifique la actuación material, o inicie la actividad a que esté obligada. El requerimiento se entenderá rechazado si el requerido no lo contestara:

a) Dentro del mes siguiente a su recepción.
b) Dentro de los dos meses siguientes a su recepción.

c) Dentro de los tres meses siguientes a su recepción.

d) Dentro de los seis meses siguientes a su recepción.

18. ¿Por cuál de las siguientes causas se podrá producir la cesación definitiva del acto administrativo?

a) Por el cumplimiento de la condición resolutoria a que pudiera estar sujeto.

b) Por el transcurso del plazo en él mismo señalado, si estaba limitado en el tiempo.

c) Por la desaparición de los presupuestos de hecho que motivaron que se dictase.

d) Todas las respuestas son correctas.

19. Cuando las normas reguladoras de los procedimientos no fijen el plazo máximo en el que debe notificarse la resolución expresa, este será de:

a) Seis meses.

b) Tres meses.

c) Un mes.

d) Quince días hábiles.

20. Señale la respuesta incorrecta respecto a los medios de ejecución forzosa:

a) El apremio sobre el patrimonio se utiliza, fundamentalmente, en materia tributaria o fiscal.

b) Si fuese necesario entrar en el domicilio del afectado o en los restantes lugares que requieran la autorización de su titular, las Administraciones Públicas deberán obtener, en todo caso, la oportuna autorización judicial.

c) Habrá lugar a la ejecución subsidiaria cuando se trate de actos que por no ser personalísimos puedan ser realizados por sujeto distinto del obligado.

d) Si fueran varios los medios de ejecución admisibles se elegirá el menos restrictivo de la libertad individual.

En MADTEST tienes **más preguntas de este tema**, y todos tus avances quedan registrados y se reflejan en el ranking.

¡Supera tus límites con MADTEST!

Solución al test n.º 8

1. d) Proporcionalidad.

2. d) Todas las respuestas son correctas.

3. a) Seis meses.

4. d) Todas las respuestas son correctas.

5. d) Ninguno.

6. b) Es posible interponer recurso de alzada o potestativo de reposición.

7. d) Excepto en los supuestos de terminación del procedimiento por pacto o convenio, así como los procedimientos relativos al ejercicio de derechos sometidos únicamente al deber de declaración responsable o comunicación a la Administración.

8. d) No exime de la obligación de resolver expresamente, que será estimativa en caso de que el sentido del silencio sea positivo, y sin vinculación alguna, en caso de silencio negativo.

9. a) Se producirá la caducidad de los mismos.

10. b) Nulas.

11. c) La fecha en que se dicten.

12. d) Todas las respuestas son correctas.

13. a) Muy grave.

14. b) Tres meses.

15. d) Todas las respuestas son correctas.

16. d) En ningún caso.

17. a) Dentro del mes siguiente a su recepción.

18. d) Todas las respuestas son correctas.

19. b) Tres meses.

20. b) Si fuese necesario entrar en el domicilio del afectado o en los restantes lugares que requieran la autorización de su titular, las Administraciones Públicas deberán obtener, en todo caso, la oportuna autorización judicial.

TEST N.º 9

De la Ley 39/2015, de 1 de octubre, del Procedimiento Administrativo Común de las Administraciones Públicas, la revisión de los actos en vía administrativa. La revisión de oficio. Los recursos administrativos

1. Contra una disposición administrativa de carácter general es posible interponer el siguiente recurso administrativo:

a) Alzada.
b) De revisión.
c) Económico-administrativo.
d) Ninguno.

2. Contra los actos firmes en vía administrativa el único recurso administrativo que se puede interponer es:

a) El de reposición.
b) El extraordinario de revisión.
c) El de alzada.
d) Ninguno.

3. Las resoluciones de los órganos administrativos que carezcan de superior jerárquico:

a) No agotan la vía administrativa.
b) Son firmes.
c) Son susceptibles de recurso de alzada.
d) Ponen fin a la vía administrativa.

4. La indicación del medio a través del cual deben efectuarse las notificaciones, en el escrito de interposición de un recurso administrativo:

a) Es obligatoria para el particular.
b) No es necesaria.
c) Se deja al arbitrio de la Administración Pública.
d) Es facultativa para el interesado.

5. Cuando, habiéndose recurrido un acto por vicio de forma, el órgano competente para resolverlo no estime procedente resolver sobre el fondo:

a) Se ordenará la retroacción del procedimiento al momento en que el vicio se cometió, como regla general.
b) Convalidará dicho vicio.
c) Declarará la inadmisibilidad del recurso.
d) Optará por alguna de las anteriores medidas.

6. Si el órgano que debe resolver un recurso se encuentra con cuestiones nuevas que no han sido alegadas por los interesados:

a) Devolverá el expediente para que se dicte un nuevo acto, teniendo en cuenta dichas cuestiones.
b) Decidirá el recurso, aunque se agrave la situación del recurrente, pero dándole previa audiencia.
c) No las tendrá en cuenta a la hora de resolver.
d) Nada de lo expuesto es correcto.

7. La sustitución del recurso de alzada por un procedimiento de arbitraje:

a) Es la regla general.
b) Puede ser legal.
c) Está prohibido.
d) Es nula de pleno derecho.

8. Si el recurso de alzada se presenta ante el mismo órgano que dictó el acto recurrido:

a) Lo remitirá al órgano decisor.
b) Declarará su inadmisibilidad.
c) Lo desestimará.
d) Resolverá el mismo.

9. Una circunstancia que debe darse en un acto para que proceda contra el mismo el recurso de alzada es que:

a) Agote la vía administrativa.
b) No sea definitivo en vía administrativa.
c) No sea susceptible de otro recurso.
d) Sea de trámite no cualificado.

10. El plazo de interposición del recurso de alzada es de:

a) Quince días.
b) Un mes, si el acto recurrido es expreso.

c) Dos meses.
d) Depende de los casos.

11. Para que se entienda positivo el silencio administrativo en el recurso de alzada:

a) Basta con que no se conteste el recurso en el plazo establecido.
b) Ha de no contestarse el recurso que se plantee contra un acto presunto.
c) El acto ha de ser no declarativo de derechos.
d) Ha de ser un acto contra el que no es posible interponer el recurso de revisión.

12. El plazo para entender desestimado por silencio administrativo el recurso de reposición es de:

a) Un mes.
b) Tres meses.
c) Dos meses.
d) Ninguno, al ser el silencio de carácter positivo.

13. Una característica de los actos contra los que es posible interponer recurso de revisión es que son:

a) Firmes.
b) Susceptibles de recurso ordinario.
c) Erróneos desde el punto de vista jurídico.
d) Todo lo anterior es cierto.

14. Se puede plantear el recurso de revisión en el plazo de cuatro años desde que se notificó el acto recurrido en el caso de que:

a) El acto no sea firme.
b) Al dictar el acto se haya incurrido en error de hecho que resulte de los propios documentos incorporados al expediente.
c) El recurso se base en cualquiera de los restantes supuestos que la Ley recoge.
d) Recaiga sentencia judicial firme declarando la ilegalidad del acto.

15. La terminación presunta del recurso de revisión se dará:

a) A los tres meses de su interposición.
b) Al mes de su interposición.
c) No cabe.
d) Solo en el supuesto de que se base en manifiesto error de derecho.

16. El recurso de revisión por manifiesto error de hecho debe plantearse:

a) A los tres meses desde que se produjo.
b) A los cuatro años desde que se conoció.

c) Dentro de los cuatro años desde la notificación del acto.

d) No puede darse nunca aisladamente.

17. La revisión de los actos por los recursos administrativos:

a) Corresponde a la propia Administración Pública.

b) Supone una actuación excepcional por la Administración Pública sobre sus actos firmes.

c) Compete a los órganos jurisdiccionales de lo contencioso-administrativo.

d) Se da solo en supuestos tasados y límites.

18. El recurso de alzada contra el acto de un órgano administrativo que actúa por delegación lo resuelve:

a) Este mismo órgano.

b) Este mismo órgano en virtud de la delegación que ostenta.

c) Su superior jerárquico.

d) Nada de lo anterior es cierto.

19. Para plantear un recurso administrativo:

a) Hay que tener capacidad jurídica, sin requerirse la capacidad de obrar.

b) Basta con la capacidad de obrar.

c) Se requiere, siempre, ser titular de un derecho subjetivo afectado por el acto que se recurre.

d) Ha de ostentarse la condición de interesado.

20. Cuando existan terceros interesados en un acto recurrido:

a) Deben personarse en el expediente que se siga tras el recurso.

b) Debe enviárseles copia del recurso, conminándoles a personarse.

c) El envío de la copia se efectúa para que realicen, si lo desean, las alegaciones que estimen oportunas.

d) Al no ser los que interponen el recurso, no es necesario darles cuenta de este.

En MADTEST tienes **más preguntas de este tema**, y todos tus avances quedan registrados y se reflejan en el ranking.

¡Supera tus límites con MADTEST!

Solución al test n.º 9

1. d) Ninguno.

2. b) El extraordinario de revisión.

3. d) Ponen fin a la vía administrativa.

4. a) Es obligatoria para el particular.

5. a) Se ordenará la retroacción del procedimiento al momento en que el vicio se cometió, como regla general.

6. d) Nada de lo expuesto es correcto.

7. b) Puede ser legal.

8. a) Lo remitirá al órgano decisor.

9. b) No sea definitivo en vía administrativa.

10. b) Un mes, si el acto recurrido es expreso.

11. b) Ha de no contestarse el recurso que se plantee contra un acto presunto.

12. a) Un mes.

13. a) Firmes.

14. b) Al dictar el acto se haya incurrido en error de hecho que resulte de los propios documentos incorporados al expediente.

15. a) A los tres meses de su interposición.

16. c) Dentro de los cuatro años desde la notificación del acto.

17. a) Corresponde a la propia Administración Pública.

18. d) Nada de lo anterior es cierto.

19. d) Ha de ostentarse la condición de interesado.

20. c) El envío de la copia se efectúa para que realicen, si lo desean, las alegaciones que estimen oportunas.

TEST N.º 10

Atención al público: acogida e información al ciudadano. Atención de personas con discapacidad. Los servicios de información administrativa

1. La información refe.rida a los requisitos jurídicos o técnicos que las disposiciones impongan a los proyectos, actuaciones o solicitudes que los ciudadanos se propongan realizar, se considera:

a) Información particular.
b) Información reservada.
c) Información general.
d) Información sensible.

2. ¿Cuál de los siguientes se conoce también como lenguaje kinésico?

a) Lenguaje oral.
b) Lenguaje telefónico.
c) Lenguaje corporal.
d) Lenguaje escrito.

3. La comunicación que busca un balance ideal entre las posturas agresivas y pasivas de comunicación, para mantener un proceso franco, equitativo y respetuoso de intercambio de información, es fruto del llamado comportamiento:

a) Asertivo.
b) Administrativo.
c) Primario.
d) Profesional.

4. ¿En cuál de las siguientes funciones del lenguaje, según el lingüista Jakobson, la intención comunicativa es influir sobre la conducta del receptor para que, por ejemplo, cambie de actitud o se interese por algo?

a) Representativa.
b) Apelativa o conativa.

c) Expresiva o emotiva.
d) Fática o de contacto.

5. Se denomina así a todo elemento perturbador, ajeno al emisor y al receptor, capaz de entorpecer el proceso de comunicación e incluso anularlo:

a) Código.
b) Ruido.
c) *Feedback*.
d) Retroalimentación.

6. Cuando la comunicación va dirigida a un grupo sin precisar nombres de personas, se dice que es una comunicación:

a) Informal.
b) Intrapersonal.
c) Genérica.
d) Vertical.

7. ¿Qué tipo de retroalimentación se enfoca en señalar errores o deficiencias sin sugerir mejoras?

a) Retroalimentación positiva.
b) Retroalimentación constructiva o correctiva.
c) Retroalimentación negativa.
d) Retroalimentación de desarrollo.

8. Las oficinas integradas de atención al ciudadano de nivel intermedio son las que ofrecen servicios:

a) De recepción, registro y remisión de comunicaciones del ciudadano.
b) Telefónicos y telemáticos.
c) De atención y orientación personalizada.
d) Integrados de gestión multi-administración.

9. En relación con la información particular, es cierto que:

a) Se facilitará obligatoriamente a los ciudadanos, sin exigir para ello la acreditación de legitimación alguna.
b) Solo podrá ser facilitada a las personas que tengan la condición de interesados en cada procedimiento o a sus representantes legales.
c) No podrá referirse a los datos de carácter personal que afecten de alguna forma a la intimidad o privacidad de las personas físicas.
d) Cuando resulte conveniente una mayor difusión, deberá ofrecerse a los grupos sociales o instituciones que estén interesados en su conocimiento.

10. ¿Qué funciones de la atención personalizada a los ciudadanos tienen por objeto facilitar a estos la orientación y ayuda que precisen en el momento inicial de su visita, y, en particular, la relativa a la localización de dependencias y funcionarios?

a) Funciones de recepción de las iniciativas o sugerencias formuladas por los ciudadanos.
b) Funciones de orientación e información.
c) Funciones de recepción y acogida a los ciudadanos.
d) Funciones de asistencia a los ciudadanos en el ejercicio del derecho de petición.

11. Las aclaraciones y ayudas de índole práctica requeridas por los ciudadanos sobre procedimientos, trámites, requisitos y documentación para los proyectos, actuaciones o solicitudes que se propongan realizar, o para acceder al disfrute de un servicio público o beneficiarse de una prestación, no pueden entrañar:

a) Una interpretación normativa.
b) Una simple determinación de conceptos.
c) Una información de opciones legales.
d) Una colaboración en la cumplimentación de impresos o solicitudes.

12. Es una manifestación o declaración de un ciudadano en la que este transmite una idea con la que pretende la mejora de la calidad o accesibilidad de los servicios, el incremento en el rendimiento o ahorro del gasto público, la simplificación de trámites administrativos o supresión de aquellos considerados innecesarios, propuestas de modificaciones normativas y, con carácter general, propuesta de cualquier medida que suponga un mayor grado de satisfacción de la ciudadanía en sus relaciones con la Administración Pública:

a) Una queja.
b) Una sugerencia.
c) Una reclamación.
d) Una petición.

13. Reformular o parafrasear lo que dice el cliente (fenómeno eco) ayuda a:

a) Defender nuestra información.
b) Evitar valores e interpretaciones morales.
c) Mostrar sinceridad.
d) Demostrar que hemos comprendido bien.

14. La actividad de información, atención y orientación ciudadana, de la Administración Pública de la Comunidad Autónoma de Canarias tiene como finalidad según el Decreto 44/2007, de 27 de febrero:

a) Contener los testimonios de las actividades de las instituciones y de las personas de nuestra comunidad.
b) Recabar y proporcionar la información de interés para los ciudadanos relacionada con las actividades y servicios que presta dicha Administración, sus organismos autónomos y entidades públicas vinculadas o dependientes, y orientar y facilitar el acceso a los mismos, así como mejorar la relación con los usuarios ciudadanos.

c) Recabar y proporcionar la información de interés para los ciudadanos relacionada solo con servicios que presta la Administración General, sus organismos estatales y entidades privadas vinculadas o dependientes.

d) Ninguna de las respuestas coincide con dicha finalidad.

15. Cuando nos referimos a una comunicación dentro de un grupo, estamos hablando de una comunicación:

a) Interpersonal.
b) Intrapersonal.
c) Intergrupal.
d) Intracomunitaria.

16. ¿Cuál de las siguientes funciones de la atención personalizada al ciudadano tiene por objeto mejorar la calidad de los servicios, incrementar el rendimiento o el ahorro del gasto público, simplificar trámites o suprimir los que sean necesarios, o cualquier otra demanda que suponga un mayor grado de satisfacción de la sociedad en sus relaciones con la Administración:

a) De recepción y de acogida a los ciudadanos.
b) De recepción de las iniciativas o sugerencias formuladas por los ciudadanos.
c) De asistencia a los ciudadanos en el ejercicio del derecho de petición.
d) De recepción y de acogida a los ciudadanos.

17. El Modelo EFQM de Excelencia es:

a) Un modelo de atención personalizada al ciudadano.
b) Un modelo de gestión de la calidad.
c) Un modelo de registro automático de entrada y salida de información.
d) Un modelo de control de visitas.

18. La información administrativa presencial es aquella que:

a) Es ofrecida por un funcionario o autoridad identificada.
b) Se ofrece de forma personalizada.
c) Tiene un emisor y un receptor concretos.
d) Se ofrece en persona a los ciudadanos cuando estos la demanden en cualquiera de las dependencias administrativas.

19. En relación con la información administrativa a distancia, es cierto que:

a) Se dirigirá exclusivamente a colectivos de personas físicas o jurídicas, grupos sociales, instituciones o corporaciones.
b) Requiere la utilización del Punto de Acceso General electrónico de la Administración.

c) Habrá de tener un contenido objetivo, e indicará, en su caso, los medios y lugares donde los ciudadanos se podrán dirigir en demanda de mayor información o para la realización de los trámites administrativos a que se refieran, así como la normativa aplicable.

d) Se refiere a la publicidad institucional de la Administración.

20. Señala la respuesta incorrecta. La información administrativa particular solo se podrá ofrecer mediante comunicaciones a distancia por medios telefónicos, electrónicos, informáticos o telemáticos cuando conste fehacientemente acreditada:

a) La personalidad del solicitante.
b) La pluralidad de interesados.
c) La condición de interesado del solicitante.
d) La seguridad en la transmisión.

En MADTEST tienes **más preguntas de este tema**, y todos tus avances quedan registrados y se reflejan en el ranking.

¡Supera tus límites con MADTEST!

Solución al test n.º 10

1. c) Información general.

2. c) Lenguaje corporal.

3. a) Asertivo.

4. b) Apelativa o conativa.

5. b) Ruido.

6. c) Genérica.

7. c) Retroalimentación negativa.

8. c) De atención y orientación personalizada.

9. b) Solo podrá ser facilitada a las personas que tengan la condición de interesados en cada procedimiento o a sus representantes legales.

10. c) Funciones de recepción y acogida a los ciudadanos.

11. a) Una interpretación normativa.

12. b) Una sugerencia.

13. d) Demostrar que hemos comprendido bien.

14. b) Recabar y proporcionar la información de interés para los ciudadanos relacionada con las actividades y servicios que presta dicha Administración, sus organismos autónomos y entidades públicas vinculadas o dependientes, y orientar y facilitar el acceso a los mismos, así como mejorar la relación con los usuarios ciudadanos.

15. a) Interpersonal.

16. b) De recepción de las iniciativas o sugerencias formuladas por los ciudadanos.

17. b) Un modelo de gestión de la calidad.

18. d) Se ofrece en persona a los ciudadanos cuando estos la demanden en cualquiera de las dependencias administrativas.

19. c) Habrá de tener un contenido objetivo, e indicará, en su caso, los medios y lugares donde los ciudadanos se podrán dirigir en demanda de mayor información o para la realización de los trámites administrativos a que se refieran, así como la normativa aplicable.

20. b) La pluralidad de interesados.

TEST N.º 11

Concepto de documento, registro y archivo. Documentación de uso de las instituciones sanitarias: administrativa y clínica. La Historia Clínica. Funciones del registro y del archivo. Clases de archivo y criterios de ordenación

1. Según el artículo 49.1 de la Ley 16/1985, de 25 de junio, del Patrimonio Histórico Español, se entiende por documento toda expresión en lenguaje natural o convencional y cualquier otra expresión gráfica, sonora o en imagen, recogidas en cualquier tipo de soporte material, incluso los soportes informáticos. Se excluyen:

a) Los obtenidos por medios audiovisuales.
b) Las expresiones iconográficas.
c) Los que no incorporen una referencia temporal del momento en que han sido emitidos.
d) Los ejemplares no originales de ediciones.

2. NO es una característica esencial del documento de archivo:

a) Seriación.
b) Uniformidad.
c) Objetividad.
d) Unicidad.

3. Es un componente interno del documento de archivo:

a) El autor.
b) La clase.
c) El formato.
d) El soporte.

4. Es un componente externo del documento de archivo:

a) La forma.
b) El contenido.

c) El origen funcional.
d) La fecha.

5. Los archivos de gestión contienen documentos de edad:

a) Histórica.
b) Intermedia.
c) Administrativa.
d) Secundaria.

6. ¿En qué edad del archivo de oficina predomina claramente el valor secundario?

a) Edad histórica.
b) Edad prearchivística.
c) Edad intermedia.
d) Edad administrativa.

7. Por su origen, diríamos que de los siguientes es un documento primario:

a) Thesaurus.
b) Manuscrito.
c) Catálogo colectivo.
d) Revista de sumarios.

8. Según el artículo 3 del Real Decreto 1465/1999, de 17 de septiembre, por el que se establecen criterios de imagen institucional y se regula la producción documental y el material impreso de la Administración General del Estado, todo documento que contenga actos administrativos, incluidos los de mero trámite, debe estar:

a) Referenciado.
b) Archivado.
c) Formalizado.
d) Catalogado.

9. Se entiende por documentos públicos administrativos los .... emitidos por los órganos de las Administraciones Públicas. Señala la palabra que completa correctamente la frase:

a) Válidamente.
b) Regularmente.
c) Legalmente.
d) Explícitamente.

10. Para ser considerados válidos, los documentos electrónicos deberán, entre otros requisitos, contener información de cualquier naturaleza archivada en un soporte electrónico según un formato determinado susceptible de identificación y:

a) Clasificación.
b) Catalogación.

c) Temporización.
d) Tratamiento diferenciado.

11. Los documentos electrónicos que se publiquen con carácter meramente informativo:

a) Requieren de firma electrónica, aunque no precisan identificar su origen.
b) Requieren de firma electrónica y de identificación de su origen.
c) No requieren de firma electrónica, aunque sí precisan identificar su origen.
d) No requieren de firma electrónica ni tampoco de identificar su origen.

12. La Administración General del Estado, las Comunidades Autónomas y las Entidades Locales podrán realizar copias auténticas:

a) Solo mediante funcionario habilitado.
b) Únicamente mediante actuación administrativa automatizada.
c) Mediante fotocopia compulsada por un funcionario de la Administración Pública.
d) Mediante funcionario habilitado o actuación administrativa automatizada.

13. En relación con las copias auténticas de documentos administrativos, es cierto que:

a) Las copias electrónicas de un documento electrónico original o de una copia electrónica auténtica deben mantener el mismo formato que el original.
b) Las copias electrónicas de documentos en soporte papel o en otro soporte no electrónico susceptible de digitalización, requerirán que el documento haya sido digitalizado y deberán incluir los metadatos que acrediten su condición de copia y que se visualicen al consultar el documento.
c) Las copias en soporte papel de documentos electrónicos deberán incluir los metadatos que acrediten su condición de copia.
d) Las copias en soporte papel de documentos originales emitidos en dicho soporte se proporcionarán siempre mediante una copia auténtica en papel del documento electrónico que se encuentre en poder de la Administración.

14. Conforme al artículo 59.1 de la Ley 16/1985, de 25 de junio, del Patrimonio Histórico Español, los archivos son conjuntos orgánicos de documentos, o la reunión de varios de ellos, reunidos por las personas jurídicas, públicas o privadas, en el ejercicio de sus actividades, al servicio de su utilización para la investigación, la cultura, la información y:

a) La docencia.
b) La gestión administrativa.
c) El estudio.
d) La gestión patrimonial.

15. No es una función del registro de documentos:

a) Conservar adecuadamente el documento.
b) Informar sobre el contenido del documento.
c) Dar constancia de la existencia o no de un documento.
d) Informar sobre el lugar donde se encuentra el documento.

16. Las principales funciones y actividades desarrolladas por los archivos se pueden condensar en tres palabras fundamentales. Señala la opción incorrecta:

a) Conservar.
b) Servir.
c) Describir.
d) Recibir.

17. En relación a los archivos dependientes de la Administración Pública de la Comunidad Autónoma de Canarias, es cierto que:

a) En los archivos centrales se custodiarán los documentos de archivo en tanto se encuentren en trámite o su uso sea muy frecuente.
b) En cada uno de los Departamentos del Gobierno existirá un archivo general adscrito a la Secretaría General Técnica, o, en su caso, al órgano horizontal de coordinación administrativa que determine el respectivo Reglamento Orgánico.
c) El Archivo General de la Administración Pública de la Comunidad Autónoma de Canarias realizará la doble función de archivo intermedio e histórico de la Administración autonómica.
d) Corresponde a los archivos de oficina transferir al Archivo General las series o fracciones de series documentales.

18. Los fondos documentales de los archivos deben conservarse manteniendo su organización original, no introduciendo modificaciones ajenas a los procedimientos y trámites utilizados en ella, en virtud del principio de:

a) Integridad de los fondos.
b) Procedencia.
c) Originalidad.
d) Preservación.

19. Como resultado y testimonio de actividades concretas, cada sección o subsección de un archivo estará integrada por los documentos agrupados en:

a) Series.
b) Legajos.
c) Expedientes.
d) Compendios.

20. Según las distintas funciones u órganos de producción, un fondo documental se clasifica en:

a) Series.
b) Tomos.
c) Carpetas.
d) Secciones.

En MADTEST tienes **más preguntas de este tema**, y todos tus avances quedan registrados y se reflejan en el ranking.

¡Supera tus límites con MADTEST!

Solución al test n.º 11

1. d) Los ejemplares no originales de ediciones.

2. b) Uniformidad.

3. a) El autor.

4. a) La forma.

5. c) Administrativa.

6. a) Edad histórica.

7. b) Manuscrito.

8. c) Formalizado.

9. a) Válidamente.

10. d) Tratamiento diferenciado.

11. c) No requieren de firma electrónica, aunque sí precisan identificar su origen.

12. d) Mediante funcionario habilitado o actuación administrativa automatizada.

13. b) Las copias electrónicas de documentos en soporte papel o en otro soporte no electrónico susceptible de digitalización, requerirán que el documento haya sido digitalizado y deberán incluir los metadatos que acrediten su condición de copia y que se visualicen al consultar el documento.

14. b) La gestión administrativa.

15. a) Conservar adecuadamente el documento.

16. c) Describir.

17. c) El Archivo General de la Administración Pública de la Comunidad Autónoma de Canarias realizará la doble función de archivo intermedio e histórico de la Administración autonómica.

18. b) Procedencia.

19. a) Series.

20. d) Secciones.

TEST N.º 12

La Tarjeta Sanitaria Individual: características fundamentales. Alcance y contenido. Decreto 56/2007, de 13 de marzo, por el que se regula la tarjeta sanitaria canaria, el documento sanitario de inclusión temporal y el acceso a las prestaciones públicas de asistencia sanitaria y farmacéutica

1. ¿En qué Capítulo del Decreto 56/2007, de 13 de marzo, se regula la tarjeta sanitaria canaria?

a) Capítulo II.
b) Capítulo I.
c) Capítulo III.
d) Capítulo IV.

2. El organismo competente para la expedición de la tarjeta sanitaria canaria es:

a) El Insalud.
b) El Servicio Canario de la Salud.
c) El Consejo Interterritorial del Sistema Nacional de Salud.
d) La Consejería de Salud.

3. ¿Y el encargado de reclamar el importe de las prestaciones o servicios sanitarios realizados a las personas obligadas al pago o financiación de las mismas?

a) El Consejo Interterritorial del Sistema Nacional de Salud.
b) El Ministerio de Sanidad.
c) El Servicio Canario de la Salud.
d) El organismo encargado del Sistema Nacional de Salud.

4. La tarjeta sanitaria canaria es un documento de carácter:

a) Privado.
b) Semipúblico.

c) Administrativo.

d) No es un documento.

5. Se exige el deber de obtener la tarjeta sanitaria canaria:

a) A los ciudadanos residentes en Canarias con derecho a la asistencia sanitaria pública.

b) A todos los ciudadanos residentes en Canarias.

c) A todos aquellos que pudieran tener derecho a sanidad pública.

d) A todos los españoles y aquellos extranjeros residentes en Canarias con derecho a la sanidad pública.

6. La tarjeta sanitaria canaria es documento suficiente y necesario para el acceso a las prestaciones de atención sanitaria y farmacéuticas:

a) En la Comunidad Autónoma de Canarias.

b) En el resto de España, pero en Canarias no es necesario.

c) Tanto en el Sistema Canario de Salud como en el Sistema Nacional de Salud.

d) En ningún caso.

7. Indica cuál de los siguientes datos no figura como obligatorio en la tarjeta sanitaria canaria:

a) Vigencia y fecha de caducidad, en su caso.

b) Número de afiliación a la Seguridad Social.

c) Modalidad de prestación farmacéutica que le corresponda.

d) El texto: "Comunidad Autónoma de Canarias. Servicio Canario de la Salud".

8. Exclusivamente, para aquellas personas que pertenezcan a colectivos con especiales dificultades y necesidades de acompañamiento y accesibilidad, se hará constar en la tarjeta sanitaria canaria que les corresponda:

a) Las iniciales AA.

b) Un código CIP.

c) Un número de referencia del tipo CSV.

d) Un código de identificación personal.

9. Tienen el derecho y el deber de obtener la tarjeta sanitaria canaria:

a) Cualquier persona de nacionalidad española.

b) Los nacidos en la Comunidad Autónoma de Canarias.

c) Quienes, residiendo o habiendo residido en Canarias, opten por acogerse a los servicios sanitarios canarios.

d) Los ciudadanos residentes que estén empadronados en cualquiera de los municipios de Canarias.

10. Los ciudadanos extranjeros empadronados en cualquier municipio de la Comunidad Autónoma Canaria en que residan habitualmente y tengan derecho a la asistencia sanitaria, pueden obtener:

a) El documento sanitario de inclusión temporal.
b) La tarjeta sanitaria europea.
c) La tarjeta sanitaria canaria.
d) La tarjeta sanitaria individual.

11. Tienen derecho a la tarjeta de inclusión temporal en Canarias:

a) Ciudadanos de la UE con tarjeta sanitaria europea.
b) Cualquier español que sea titular de tarjeta individual.
c) Extranjeros menores de 18 años de asistencia no urgente.
d) Todos los anteriores.

12. El plazo que tiene el organismo competente de la Comunidad Autónoma de Canarias para expedir la tarjeta sanitaria canaria y del documento sanitario de inclusión temporal a solicitud del interesado es de:

a) Un mes.
b) Seis meses.
c) Tres meses.
d) 15 días.

13. Si transcurriera ese plazo y no se hubiese dictado resolución expidiendo el documento que corresponda:

a) Se entenderá que tiene efectos desestimatorios.
b) Se deberá solicitar nuevamente.
c) Se está autorizado a pedir un documento que permita acceder a las prestaciones hasta que se resuelva definitivamente.
d) Se entenderá que se ha concedido.

14. En los supuestos de atención de urgencias y de extranjeras embarazadas no residentes y extranjeros menores de 18 años, la solicitud de la tarjeta sanitaria canaria o del documento sanitario de inclusión temporal:

a) Será documento suficiente para acceder a las prestaciones.
b) Siempre será estimada.
c) Servirá para acceder a las prestaciones, si se acompaña del documento administrativo de identificación del solicitante y certificado de residencia.
d) Deberá resolverse en el plazo de un día.

15. Indique cuál de las siguientes respuestas es incorrecta respecto de la tarjeta sanitaria canaria y del documento sanitario de inclusión temporal:

a) En caso de modificación de las circunstancias que sirvieron de base para su expedición, se procederá de oficio a modificar las condiciones del documento de que se trate.

b) Transcurrido el plazo de su vigencia, el órgano competente renovará de oficio la tarjeta sanitaria canaria sin más trámite.

c) En cualquier momento se podrá comprobar el mantenimiento de las circunstancias de hecho o de derecho que legitimaron el derecho a la asistencia sanitaria pública y, por tanto, el derecho a la obtención de estos documentos.

d) La renovación del documento sanitario de inclusión temporal está sujeta a la comprobación y mantenimiento de las circunstancias que dieron origen a su expedición.

16. En el caso de que un usuario no aporte la tarjeta sanitaria canaria o documento sanitario de inclusión temporal, o no acredite su identidad:

a) No se le podrá practicar la asistencia.

b) Se le requerirá para que lo aporte en el plazo de 10 días.

c) Solo se le podrá practicar la asistencia en caso de urgencia.

d) Se le requerirá el pago de la prestación asistencia practicada, que le será devuelto si en el plazo de 10 días acredita el derecho a la asistencia pública gratuita.

17. Los titulares del documento sanitario de inclusión temporal tienen derecho a las prestaciones:

a) Del catálogo del Sistema Nacional de la Salud y, en su caso, las que, con carácter complementario apruebe la Comunidad Autónoma de Canarias.

b) Del catálogo del Sistema Nacional de Salud, solo.

c) Únicamente a las que sean aprobadas por la Comunidad Autónoma de Canarias.

d) Que les sean reconocidas en la legislación que, sobre derechos y libertades de los extranjeros en España, les sea de aplicación.

18. Quienes tengan reconocida la condición de pensionistas u ostenten otro título equivalente podrán acogerse a la excepción de pago de las prestaciones farmacéuticas:

a) En todo caso.

b) Extrahospitalarias siempre que esta circunstancia conste en su tarjeta sanitaria o documento equivalente.

c) Hospitalarias cuando esta circunstancia conste en su tarjeta sanitaria o documento equivalente y extrahospitalarias en todo caso.

d) En ningún caso.

19. El acceso de los ciudadanos a las prestaciones de la atención sanitaria que proporciona el Sistema Nacional de Salud se facilitará a través de:

a) La cartilla de la Seguridad Social.
b) La tarjeta sanitaria individual.
c) El DNI.
d) Todas las anteriores.

20. El código de identificación personal CIP-SNS presente en las tarjetas sanitarias individuales:

a) Se corresponde con el número de DNI.
b) Es único para todos los asegurados del Sistema Nacional de Salud.
c) Es el de afiliado a la Seguridad Social.
d) Es generado por cada servicio de salud.

En MADTEST tienes **más preguntas de este tema**, y todos tus avances quedan registrados y se reflejan en el ranking.

¡Supera tus límites con MADTEST!

Solución al test n.º 12

1. a) Capítulo II.

2. b) El Servicio Canario de la Salud.

3. c) El Servicio Canario de la Salud.

4. c) Administrativo.

5. a) A los ciudadanos residentes en Canarias con derecho a la asistencia sanitaria pública.

6. c) Tanto en el Sistema Canario de Salud como en el Sistema Nacional de Salud.

7. b) Número de la Seguridad Social.

8. a) Las iniciales AA.

9. d) Los ciudadanos residentes que estén empadronados en cualquiera de los municipios de Canarias.

10. a) El documento sanitario de inclusión temporal.

11. c) Extranjeros menores de 18 años de asistencia no urgente.

12. b) Seis meses.

13. a) Se entenderá que tiene efectos desestimatorios.

14. c) Servirá para acceder a las prestaciones, si se acompaña de documento administrativo de identificación del solicitante y certificado de residencia.

15. b) Transcurrido el plazo de su vigencia, el órgano competente renovará de oficio la tarjeta sanitaria canaria sin más trámite.

16. b) Se le requerirá para que lo aporte en el plazo de 10 días.

17. d) Que les sean reconocidas en la legislación que, sobre derechos y libertades de los extranjeros en España, les sea de aplicación.

18. b) Extrahospitalarias siempre que esta circunstancia conste en su tarjeta sanitaria o documento equivalente.

19. b) La tarjeta sanitaria individual.

20. b) Es único para todos los asegurados del Sistema Nacional de Salud.

TEST N.º 13

Oficina Canaria de Defensa de los Derechos de los Usuarios Sanitarios y la tramitación de las reclamaciones, solicitudes, iniciativas y sugerencias en el ámbito sanitario (O.D.D.U.S.)

1. ¿Cuál es el objeto del Decreto 8/2025?

a) Regular la atención hospitalaria especializada en Canarias.
b) Regular el funcionamiento de la Oficina de Defensa de los Derechos de las Personas Usuarias Sanitarias.
c) Regular el estatuto del personal administrativo del Servicio Canario de la Salud.
d) Establecer el régimen jurídico de los centros de salud mental.

2. ¿Cuál de las siguientes reclamaciones queda excluida del ámbito del Decreto 8/2025?

a) Las reclamaciones sobre listas de espera quirúrgica.
b) Las reclamaciones relativas al reconocimiento de grado de discapacidad.
c) Las reclamaciones por deficiencias en la atención médica.
d) Las reclamaciones por trato recibido en centros sanitarios.

3. ¿Qué naturaleza jurídica no tienen las reclamaciones según el Decreto 8/2025?

a) No son solicitudes de información.
b) No son recursos administrativos.
c) No son sugerencias formales.
d) No son quejas administrativas.

4. ¿Qué órgano tiene competencia en segundo nivel para proponer contestación a disconformidades?

a) El Parlamento de Canarias.
b) La persona responsable de la Oficina de Defensa de los Derechos de las Personas Usuarias Sanitarias.
c) El Defensor del Pueblo.
d) El Director del Servicio Canario de la Salud.

5. ¿Qué plazo máximo existe para responder a una reclamación admitida a trámite?

a) Quince días.
b) Un mes.
c) Tres meses.
d) Dos meses.

6. ¿Qué reclamaciones quedan excluidas del ámbito de aplicación del Decreto 8/2025?

a) Las relativas al funcionamiento sanitario de hospitales públicos.
b) Las de carácter económico, patrimonial o en prevención de riesgos laborales.
c) Las solicitudes de información sobre derechos y deberes sanitarios.
d) Las reclamaciones por trato personal inadecuado.

7. ¿Cuál de los siguientes NO es un principio rector específico del Decreto 8/2025?

a) Respeto a la autonomía profesional del personal sanitario.
b) Carácter contradictorio de la tramitación de reclamaciones.
c) Profesionalidad y calidad en el trato a la persona usuaria.
d) Derecho de petición como vía de reclamación.

8. ¿Cómo se define una reclamación en el Decreto 8/2025?

a) Propuesta de mejora del sistema sanitario.
b) Solicitud de información sobre derechos sanitarios.
c) Escrito en el que se manifiesta disconformidad con los servicios o funcionamiento del sistema sanitario.
d) Denuncia de infracción legal.

9. ¿De quién depende orgánica y funcionalmente la Oficina de Defensa de los Derechos de las Personas Usuarias Sanitarias?

a) Del Parlamento de Canarias.
b) De la Viceconsejería con competencias en materia de sanidad.
c) De la Secretaría General Técnica de la Consejería de Hacienda.
d) De los Gerentes de Atención Primaria.

10. ¿Qué plazo tiene la persona usuaria para formular disconformidad frente a una respuesta recibida?

a) 5 días hábiles.
b) 10 días naturales.
c) 1 mes.
d) 2 meses.

11. ¿Qué naturaleza tienen las reclamaciones y solicitudes de información según el Decreto 8/2025?

a) Son recursos administrativos.
b) Son denuncias sobre infracciones legales.
c) Son solicitudes al amparo del derecho de petición.
d) No son recursos administrativos ni denuncias ni derecho de petición.

12. ¿Quién tiene la obligación de colaborar con la Oficina de Defensa de los Derechos de las Personas Usuarias Sanitarias?

a) Solo los centros sanitarios públicos del Servicio Canario de la Salud.
b) Solo los órganos administrativos de la Consejería de Sanidad.
c) Todos los órganos administrativos y centros sanitarios públicos y privados.
d) Únicamente las gerencias de atención primaria.

13. ¿Cuál de las siguientes funciones corresponde a los Servicios de Atención a las personas usuarias dependientes de la Oficina?

a) Resolver directamente las reclamaciones sin revisión superior.
b) Emitir resoluciones con efectos administrativos.
c) Tramitar y proponer respuesta a reclamaciones, información y sugerencias.
d) Derivar automáticamente las reclamaciones al Ministerio de Sanidad.

14. ¿Qué ocurre si una reclamación es presentada en un centro sanitario privado?

a) El centro privado la archiva y responde por su cuenta.
b) El centro debe remitir copia a la Oficina en un máximo de 5 días hábiles.
c) Se considera automáticamente inadmitida.
d) Se traslada al Parlamento de Canarias.

15. ¿Cuál es el plazo para subsanar una reclamación incompleta antes de su archivo?

a) Cinco días.
b) Quince días.
c) Diez días, ampliables cinco más.
d) Tres días, sin posibilidad de prórroga.

16. ¿Qué respuesta NO cabe frente a las contestaciones dadas por la Oficina según el Decreto?

a) Interponer recurso contencioso-administrativo.
b) Presentar una disconformidad.
c) Acudir a la vía judicial si procede.
d) Interponer recurso administrativo ordinario.

17. ¿Qué unidad administrativa elabora y difunde la carta de derechos y deberes de las personas usuarias sanitarias?

a) La Dirección General de Recursos Humanos del SCS.
b) La Secretaría General Técnica de la Consejería de Sanidad.
c) La Oficina de Defensa de los Derechos de las Personas Usuarias Sanitarias.
d) La Viceconsejería de Presidencia.

18. ¿Qué debe incluir obligatoriamente el escrito de reclamación presentado por una persona usuaria?

a) Firma electrónica del director del centro.
b) Referencia catastral del centro sanitario.
c) Identificación del órgano competente y de la persona usuaria.
d) Documento de alta hospitalaria.

19. ¿Qué sucede si una reclamación afecta a varios centros o áreas de salud?

a) La resuelve la Dirección General de Salud Pública.
b) La resuelve directamente el Defensor del Pueblo.
c) La tramita y propone respuesta la Oficina de Defensa de los Derechos de las Personas Usuarias Sanitarias.
d) Se archiva por falta de competencia.

20. ¿Qué carácter tiene la contestación emitida por la Oficina de Defensa respecto a una reclamación?

a) Tiene efectos vinculantes y ejecutivos.
b) Tiene carácter de acto administrativo firme.
c) No tiene carácter de resolución administrativa ni cabe recurso contra ella.
d) Puede ser objeto de revisión por recurso de alzada.

En MADTEST tienes **más preguntas de este tema**, y todos tus avances quedan registrados y se reflejan en el ranking.

¡Supera tus límites con MADTEST!

Solución al test n.º 13

1. b) Regular el funcionamiento de la Oficina de Defensa de los Derechos de las Personas Usuarias Sanitarias.

2. b) Las reclamaciones relativas al reconocimiento de grado de discapacidad.

3. b) No son recursos administrativos.

4. b) La persona responsable de la Oficina de Defensa de los Derechos de las Personas Usuarias Sanitarias.

5. d) Dos meses.

6. b) Las de carácter económico, patrimonial o en prevención de riesgos laborales.

7. d) Derecho de petición como vía de reclamación.

8. c) Escrito en el que se manifiesta disconformidad con los servicios o funcionamiento del sistema sanitario.

9. b) De la Viceconsejería con competencias en materia de sanidad.

10. c) 1 mes.

11. d) No son recursos administrativos ni denuncias ni derecho de petición.

12. c) Todos los órganos administrativos y centros sanitarios públicos y privados.

13. c) Tramitar y proponer respuesta a reclamaciones, información y sugerencias.

14. b) El centro debe remitir copia a la Oficina en un máximo de 5 días hábiles.

15. c) Diez días, ampliables cinco más.

16. d) Interponer recurso administrativo ordinario.

17. c) La Oficina de Defensa de los Derechos de las Personas Usuarias Sanitarias.

18. c) Identificación del órgano competente y de la persona usuaria.

19. c) La tramita y propone respuesta la Oficina de Defensa de los Derechos de las Personas Usuarias Sanitarias.

20. c) No tiene carácter de resolución administrativa ni cabe recurso contra ella.

TEST N.º 14

De la Ley Orgánica 3/2018, de 5 de diciembre, de Protección de Datos Personales y garantía de los derechos digitales, el objeto y ámbito de aplicación. Principios de protección de datos. Derechos de las personas. Ejercicio de los derechos

1. El artículo 18.1 de la Constitución Española garantiza el derecho al honor, a la intimidad personal y familiar y a:

a) La protección de datos de carácter personal.
b) La confidencialidad.
c) La propia imagen.
d) El secreto profesional.

2. Los datos personales obtenidos a partir de un tratamiento técnico específico, relativos a las características físicas, fisiológicas o conductuales de una persona física que permitan o confirmen la identificación única de dicha persona, como imágenes faciales o datos dactiloscópicos, se denominan:

a) Datos corporales.
b) Datos naturales.
c) Datos genéticos.
d) Datos biométricos.

3. ¿En virtud de qué principio previsto por el Reglamento General de Protección de Datos, los datos personales serán adecuados, pertinentes y limitados a lo necesario en relación con los fines para los que son tratados?

a) Principio de exactitud.
b) Principio de limitación de la finalidad.
c) Principio de responsabilidad proactiva.
d) Principio de minimización de datos.

4. En relación al consentimiento del interesado al tratamiento de datos de carácter personal, es cierto que:

a) En ningún caso se puede obligar a nadie a facilitar sus datos.

b) El consentimiento ha de ser previo a la información sobre el tratamiento.

c) Si se puede consentir libremente, del mismo modo, se puede retirar el consentimiento.

d) La solicitud del consentimiento deberá ir referida a todos los tratamientos que se puedan dar en un plazo determinado.

5. El derecho a la portabilidad de los datos:

a) Se podrá aplicar a los tratamientos que sean necesario para el cumplimiento de una misión realizada en interés público o en el ejercicio de poderes públicos conferidos al responsable del tratamiento.

b) A diferencia de otros derechos, podrá afectar negativamente a los derechos y libertades de otros.

c) Supone la obligación de que, en todo caso, los datos personales se transmitan directamente de responsable a responsable.

d) Requiere que el tratamiento se efectúe por medios automatizados.

6. Conforme al RGPD, ¿puede facilitarse la información al interesado de forma verbal?

a) No, en ningún caso.

b) Sí, siempre que lo solicite el interesado.

c) Sí, en cualquier caso siempre que se demuestre la identidad del interesado por otros medios.

d) Sí, cuando lo solicite el interesado y se pueda demostrar su identidad por otros medios.

7. Conforme al artículo 17 del RGPD, el derecho de supresión no se podrá aplicar cuando:

a) Los datos personales ya no sean necesarios en relación con los fines para los que fueron recogidos o tratados de otro modo.

b) Los datos personales se hayan obtenido en relación con la oferta de servicios de la sociedad de la información.

c) Los datos personales hayan sido tratados ilícitamente.

d) Los datos personales sean necesarios para ejercer el derecho a la libertad de expresión e información.

8. Conforme al artículo 18 del RGPD, el interesado tendrá derecho a obtener del responsable del tratamiento la limitación del tratamiento de los datos:

a) Cuando los datos personales ya no sean necesarios en relación con los fines para los que fueron recogidos o tratados de otro modo.

b) Para que el interesado pueda ejercer el derecho a la libertad de expresión e información.

c) Cuando el interesado impugne la exactitud de los datos personales, durante un plazo que permita al responsable verificar la exactitud de los mismos.

d) Por razones de interés público en el ámbito de la salud pública.

9. En relación al derecho de portabilidad, es cierto que:

a) El ejercicio de este derecho impide el ejercicio del derecho de supresión.

b) Al ejercer su derecho a la portabilidad de los datos, el interesado tendrá que transmitir los datos directamente al nuevo responsable de los mismos.

c) Se aplicará al tratamiento que sea necesario para el cumplimiento de una misión realizada en interés público o en el ejercicio de poderes públicos conferidos al responsable del tratamiento.

d) No podrá afectar negativamente a los derechos y libertades de otros.

10. Cuando los plazos se señalen por días en el RGPD o en la LO 3/2018, se entiende que estos:

a) Son naturales.

b) Son hábiles, de lunes a sábado; excluyéndose del cómputo los domingos y los declarados festivos.

c) Son naturales; excluyéndose del cómputo los declarados festivos.

d) Son hábiles, excluyéndose del cómputo los sábados, los domingos y los declarados festivos.

11. El RGPD considera "destinatario":

a) A la persona física o jurídica, autoridad pública, servicio u otro organismo al que se comuniquen datos personales, siempre que se trate de un tercero.

b) A la persona física o jurídica, autoridad pública, servicio u otro organismo al que se comuniquen datos personales, se trate o no de un tercero.

c) A la autoridad pública que pueda recibir datos personales en el marco de una investigación concreta de conformidad con el Derecho de la Unión o de los Estados miembros.

d) A la persona física o jurídica, autoridad pública, servicio u organismo distinto del interesado, del responsable del tratamiento, del encargado del tratamiento y de las personas autorizadas para tratar los datos personales bajo la autoridad directa del responsable o del encargado.

12. El RGPD denomina a la autoridad pública independiente establecida por un Estado miembro:

a) Agencia Nacional de Protección de Datos.

b) Representante.

c) Autoridad de control.

d) Autoridad de referencia.

13. ¿Cómo denomina el RGPD el tratamiento de datos personales de manera tal que ya no puedan atribuirse a un interesado sin utilizar información adicional, siempre que dicha información adicional figure por separado y esté sujeta a medidas técnicas y organizativas destinadas a garantizar que los datos personales no se atribuyan a una persona física identificada o identificable?

a) Seudonimización.
b) Anonimización.
c) Generalización.
d) Encriptación.

14. ¿Qué título de la LO 3/2018, de 5 de diciembre, de Protección de Datos Personales y garantía de los derechos digitales, se refiere a los principios de la protección de datos?

a) Título I.
b) Título II.
c) Título III.
d) Título IV.

15. Respecto a la naturaleza de la LO 3/ 2018, de 5 de diciembre, de Protección de Datos Personales y garantía de los derechos digitales:

a) Todo su articulado tiene carácter de ley orgánica.
b) Los títulos I a V tienen carácter de ley orgánica y los títulos restantes, carácter de ley ordinaria.
c) Los títulos I a X tienen carácter de ley orgánica, mientras que las disposiciones adicionales, transitorias, derogatoria y finales tienen carácter de ley ordinaria.
d) Algunos títulos, artículos y disposiciones tienen carácter de ley ordinaria.

16. Lo dispuesto en los Títulos I a IX y en los artículos 89 a 94 de la LO 3/2018 se aplica:

a) Al tratamiento no automatizado de datos personales contenidos o destinados a ser incluidos en un fichero.
b) A los tratamientos excluidos del ámbito del RGPD.
c) A los tratamientos de datos de personas fallecidas.
d) A los tratamientos sometidos a la normativa sobre protección de materias clasificadas.

17. Conforme al artículo 3 de la LO 3/2018, las personas vinculadas al fallecido por razones familiares o de hecho, así como sus herederos:

a) No podrán dirigirse al responsable o encargado del tratamiento para solicitar el acceso a los datos personales de aquella, si no es por vía judicial.
b) Solo podrán dirigirse al encargado del tratamiento, siempre que sea con objeto de rectificar datos manifiestamente falsos.

c) Podrán dirigirse al responsable o encargado del tratamiento siempre que sea con objeto de solicitar la supresión de los datos personales de aquella sin posibilidad de acceder a ellos.

d) Podrán dirigirse al responsable o encargado del tratamiento al objeto de solicitar el acceso a los datos personales de aquella y, en su caso, su rectificación o supresión.

18. Según el artículo 6.2 de la Ley Orgánica 3/2018 de Protección de Datos Personales y garantía de los derechos digitales, cuando se pretenda fundar el tratamiento de los datos en el consentimiento del afectado para una pluralidad de finalidades, será preciso que conste de manera específica e inequívoca que dicho consentimiento se otorga:

a) Por un periodo de tiempo.
b) Irrevocablemente.
c) Para todas ellas.
d) Por interés público.

19. Toda persona cuya identidad pueda determinarse, directa o indirectamente, en particular mediante un identificador, como por ejemplo un nombre, un número de identificación, datos de localización, un identificador en línea o uno o varios elementos propios de la identidad física, fisiológica, genética, psíquica, económica, cultural o social de dicha persona, se considerará persona física:

a) Identificable.
b) Fichada.
c) Legal.
d) Tratable.

20. Los datos personales serán tratados de tal manera que se garantice una seguridad adecuada de los mismos, incluida la protección contra el tratamiento no autorizado o ilícito y contra su pérdida, destrucción o daño accidental, mediante la aplicación de medidas técnicas u organizativas apropiadas; todo ello en virtud del principio de:

a) Responsabilidad proactiva.
b) Integridad y confidencialidad.
c) Limitación de la finalidad.
d) Licitud, lealtad y transparencia.

En MADTEST tienes **más preguntas de este tema**, y todos tus avances quedan registrados y se reflejan en el ranking.

¡Supera tus límites con MADTEST!

Solución al test n.º 14

1. c) La propia imagen.

2. d) Datos biométricos.

3. d) Principio de minimización de datos.

4. c) Si se puede consentir libremente, del mismo modo, se puede retirar el consentimiento.

5. d) Requiere que el tratamiento se efectúe por medios automatizados.

6. d) Sí, cuando lo solicite el interesado y se pueda demostrar su identidad por otros medios.

7. d) Los datos personales sean necesarios para ejercer el derecho a la libertad de expresión e información.

8. c) Cuando el interesado impugne la exactitud de los datos personales, durante un plazo que permita al responsable verificar la exactitud de los mismos.

9. d) No podrá afectar negativamente a los derechos y libertades de otros.

10. d) Son hábiles, excluyéndose del cómputo los sábados, los domingos y los declarados festivos.

11. b) A la persona física o jurídica, autoridad pública, servicio u otro organismo al que se comuniquen datos personales, se trate o no de un tercero.

12. c) Autoridad de control.

13. a) Seudonimización.

14. b) Título II.

15. c) Los títulos I a X tienen carácter de ley orgánica, mientras que las disposiciones adicionales, transitorias, derogatoria y finales tienen carácter de ley ordinaria.

16. a) Al tratamiento no automatizado de datos personales contenidos o destinados a ser incluidos en un fichero.

17. d) Podrán dirigirse al responsable o encargado del tratamiento al objeto de solicitar el acceso a los datos personales de aquella y, en su caso, su rectificación o supresión.

18. c) Para todas ellas.

19. a) Identificable.

20. b) Integridad y confidencialidad.

TEST N.º 15

Régimen General de la Seguridad Social: campo de aplicación. Afiliación, cotización y recaudación. Acción protectora: contingencias protegibles y régimen general de las prestaciones

1. La afiliación a la Seguridad Social podrá realizarse:

a) Únicamente a instancia de los empresarios.
b) Siempre de oficio por la Tesorería General de la Seguridad Social.
c) Únicamente a petición de los trabajadores.
d) A instancia de los empresarios, de oficio por la Tesorería General de la Seguridad Social o a petición de los trabajadores

2. Los trabajadores por cuenta ajena o asimilados, cuyo empresario no cumpla sus obligaciones respecto de la afiliación:

a) Deberán presentar demanda en el Juzgado de lo Social contra el empresario, para que el Juez resuelva la obligatoriedad del empresario de proceder a la afiliación del trabajador en la Seguridad Social.
b) Pueden solicitar directamente su afiliación, en cualquier momento posterior a la constatación del incumplimiento empresarial.
c) Tendrán un plazo de un mes para instar a la Inspección de Trabajo y Seguridad Social la comprobación de falta de afiliación y, una vez verificada esta, proceder a solicitar la afiliación en la Dirección Provincial de la Tesorería General de la Seguridad Social.
d) Podrán hacer suyos los frutos del trabajo hasta compensar económicamente el perjuicio ocasionado por el empresario.

3. Las solicitudes de afiliación deberán solicitarse por los sujetos obligados a ello:

a) Con seis días de antelación al inicio de la prestación de servicios del trabajador.
b) Con anterioridad a la iniciación de la prestación de servicios del trabajador.
c) El mismo día del inicio de la prestación de servicios del trabajador.
d) En los seis días siguientes a partir del inicio de la prestación de servicios del trabajador.

4. Las solicitudes de afiliación deberán formularse por los sujetos obligados:

a) Con anterioridad a la iniciación de la prestación de servicios del trabajador por cuenta ajena o de la actividad del trabajador por cuenta propia.

b) En el plazo de cinco días a partir del inicio de la prestación de servicios del trabajador por cuenta ajena o de la actividad del trabajador por cuenta propia.

c) En el plazo de seis días a partir del inicio de la prestación de servicios del trabajador por cuenta ajena o de la actividad del trabajador por cuenta propia.

d) Cuando lo estimen conveniente, ya que la normativa legal no prevé ningún plazo específico para ello.

5. El acto administrativo por el cual la Tesorería General de la Seguridad Social reconoce la condición de persona física incluida en el Sistema de Seguridad Social se denomina:

a) Afiliación.

b) Alta.

c) Inscripción.

d) Cotización.

6. Una de las siguientes características no es propia de la afiliación:

a) Es obligatoria para todas las personas comprendidas en el campo de aplicación del Sistema de la Seguridad Social, a efectos de los derechos y obligaciones en su modalidad contributiva.

b) Es única y general para todos los regímenes que componen el Sistema aunque las personas afiliadas pueden cambiar de Régimen en función de la actividad que desarrollen en cada momento.

c) Es temporal, dado que no se mantiene durante toda la vida de las personas.

d) Es exclusiva, ya que por la misma actividad nadie puede ser obligado a estar incluido en otro Régimen obligatorio de previsión.

7. Entre las formas de acceder a la afiliación no se encuentra:

a) A instancia del empresario.

b) A instancia del trabajador.

c) De oficio por la Tesorería General de la Seguridad Social.

d) De oficio por la Inspección de Trabajo y Seguridad Social.

8. Sobre la comunicación a la Seguridad Social de las variaciones que experimenten los datos facilitados al practicarse la afiliación, no es correcto afirmar que:

a) Serán comunicados siempre por el empresario.

b) Deben ser comunicados dentro de los seis días naturales siguientes a aquel en que la variación se produzca.

c) Deben ser comunicados mediante los modelos oficiales.

d) Deben ser comunicados por el sistema establecido al efecto.

9. Estarán sujetos a la obligación de cotizar al Régimen General:

a) Los empresarios, exclusivamente.
b) Los trabajadores, exclusivamente.
c) Los trabajadores y empresarios.
d) Ni trabajadores ni empresarios; solamente las Mutuas colaboradoras de la Seguridad Social.

10. En virtud de lo establecido por el artículo 142 del Texto Refundido LGSS, son sujetos responsables del cumplimiento de la obligación de cotización:

a) Los empresarios, exclusivamente.
b) Los trabajadores, exclusivamente.
c) Los trabajadores y empresarios.
d) Únicamente las Mutualidades de Accidentes de Trabajo y Enfermedades Profesionales de la Seguridad Social.

11. Según lo contemplado por el artículo 144 del Texto Refundido LGSS, la obligación de cotizar nacerá:

a) Al día siguiente a haber concluido el período de prueba pactado en el contrato. De no haberse pactado período de prueba, el día de inicio de la relación laboral.
b) Con el inicio de la prestación del trabajo, incluido el período de prueba. La mera solicitud de la afiliación o alta del trabajador al organismo competente de la Administración de la Seguridad Social surtirá en todo caso idéntico efecto.
c) Con el mismo comienzo de la prestación del trabajo, incluido el período de prueba. La mera solicitud de la afiliación o alta del trabajador al organismo competente de la Administración de la Seguridad Social no surtirá efecto para el inicio de la obligación de cotizar.
d) En la fecha que libremente elija el empresario.

12. La cuantía de la cotización vendrá determinada:

a) Por la cuantía a tanto alzado que, para cada categoría profesional, se prevea anualmente por la Ley de Presupuestos Generales del Estado.
b) Por las cuantías que la Tesorería General de la Seguridad Social determine en cada momento.
c) Por el importe resultante de aplicar "el tipo" o porcentaje que cada año se establece para cada contingencia protegida (contingencias comunes, accidentes de trabajo y enfermedades profesionales, cotización adicional por horas extraordinarias, desempleo, Fondo de Garantía Salarial y formación profesional) a la "base de cotización" correspondiente a cada trabajador determinándose de esta forma "la cuota" a ingresar.
d) Por la retribución líquida que mensualmente perciba el trabajador.

13. El tipo por contingencias comunes para el año 2025 será:

a) El 28,3 por 100, del que el 23,6 por 100 es a cargo de la empresa y el 4,7 por 100 a cargo del trabajador.
b) El 27,5 por 100, del que el 24,2 por 100 es a cargo de la empresa y el 3,3 por 100 a cargo del trabajador.

c) El 27,5 por 100, del que el 24,7 por 100 es a cargo de la empresa y el 2,8 por 100 a cargo del trabajador.

d) Ninguno de los anteriores es correcto.

14. La base de cotización, para todas las contingencias y situaciones comprendidas en la acción protectora del Régimen General de la Seguridad Social, vendrá determinada por:

a) La remuneración que tenga derecho a percibir el trabajador según lo previsto por el convenio colectivo aplicable.

b) La remuneración que tenga derecho a percibir el trabajador según lo pactado en el contrato de trabajo.

c) Las dos respuestas anteriores son correctas.

d) La remuneración total, cualquiera que sea su forma o denominación, que mensualmente tenga derecho a percibir el trabajador o asimilado o la que efectivamente perciba, de ser esta superior, por razón del trabajo que realice por cuenta ajena.

15. Para determinar la base de cotización correspondiente a cada mes por las contingencias comunes:

a) Se computará la remuneración devengada en el mes precedente a aquel al que la cotización se refiera.

b) Se computará la remuneración devengada en el mes a que se refiere la cotización.

c) El empresario tomará como referencia cualquiera de las remuneraciones correspondientes a los seis meses anteriores.

d) El empresario tomará como referencia cualquiera de las remuneraciones correspondientes a los doce meses anteriores.

16. Señala cuál de los siguientes no constituye un grado de incapacidad permanente contributiva:

a) Parcial.
b) Total.
c) Absoluta.
d) Plena.

17. En la acción protectora del sistema de Seguridad Social, ¿cómo se denomina la modalidad de protección que constituye una manifestación del principio de universalidad y que dirige su protección a colectivos que se encuentren en situaciones de necesidad sin exigir un acto especial de encuadramiento ni tampoco cotización previa?

a) Contributiva.
b) Asistencial.
c) Social.
d) No contributiva.

18. Sobre el comienzo de la obligación de cotizar no es cierto que:

a) La obligación surge con el comienzo de la actividad profesional o con el inicio de la situación relacionada con dicha actividad.

b) La solicitud de afiliación y/o alta de los trabajadores surtirá el mismo efecto de inicio de la obligación de cotizar.

c) En el caso de los trabajadores por cuenta ajena se produce al mes siguiente de iniciada la prestación laboral.

d) En el caso de los trabajadores por cuenta ajena no nace por la mera existencia del contrato de trabajo sino que es necesario que se haya iniciado la prestación de servicios.

19. La obligación de cotizar nacerá:

a) Al día siguiente a haber concluido el período de prueba pactado en el contrato. De no haberse pactado período de prueba, el día de inicio de la relación laboral.

b) Desde el momento de iniciación de la actividad correspondiente, determinándose en las normas reguladoras de cada régimen las personas que han de cumplirla.

c) Con el mismo comienzo de la prestación del trabajo, incluido el período de prueba. La mera solicitud de la afiliación o alta del trabajador al organismo competente de la Administración de la Seguridad Social no surtirá efecto para el inicio de la obligación de cotizar.

d) En la fecha que libremente elija el empresario.

20. A efectos de la cotización a la Seguridad Social, ¿cómo se denomina a la enfermedad común?

a) Contingencia común.
b) Contingencia profesional.
c) Prima.
d) Cotización adicional.

En MADTEST tienes **más preguntas de este tema**, y todos tus avances quedan registrados y se reflejan en el ranking.

¡Supera tus límites con MADTEST!

Solución al test n.º 15

1. d) A instancia de los empresarios, de oficio por la Tesorería General de la Seguridad Social o a petición de los trabajadores

2. b) Pueden solicitar directamente su afiliación, en cualquier momento posterior a la constatación del incumplimiento empresarial.

3. b) Con anterioridad a la iniciación de la prestación de servicios del trabajador.

4. a) Con anterioridad a la iniciación de la prestación de servicios del trabajador por cuenta ajena o de la actividad del trabajador por cuenta propia.

5. a) Afiliación.

6. c) Es temporal, dado que no se mantiene durante toda la vida de las personas.

7. d) De oficio por la Inspección de Trabajo y Seguridad Social.

8. a) Serán comunicados siempre por el empresario.

9. c) Los trabajadores y empresarios.

10. a) Los empresarios, exclusivamente.

11. b) Con el inicio de la prestación del trabajo, incluido el período de prueba. La mera solicitud de la afiliación o alta del trabajador al organismo competente de la Administración de la Seguridad Social surtirá en todo caso idéntico efecto.

12. c) Por el importe resultante de aplicar "el tipo" o porcentaje que cada año se establece para cada contingencia protegida (contingencias comunes, accidentes de trabajo y enfermedades profesionales, cotización adicional por horas extraordinarias, desempleo, Fondo de Garantía Salarial y formación profesional) a la "base de cotización" correspondiente a cada trabajador determinándose de esta forma "la cuota" a ingresar.

13. a) El 28,3 por 100, del que el 23,6 por 100 es a cargo de la empresa y el 4,7 por 100 a cargo del trabajador.

14. d) La remuneración total, cualquiera que sea su forma o denominación, que mensualmente tenga derecho a percibir el trabajador o asimilado o la que efectivamente perciba, de ser esta superior, por razón del trabajo que realice por cuenta ajena.

15. b) Se computará la remuneración devengada en el mes a que se refiere la cotización.

16. d) Plena.

17. d) No contributiva.

18. c) En el caso de los trabajadores por cuenta ajena se produce al mes siguiente de iniciada la prestación laboral.

19. b) Desde el momento de iniciación de la actividad correspondiente, determinándose en las normas reguladoras de cada régimen las personas que han de cumplirla.

20. a) Contingencia común.

TEST N.º 16

**Los suministros. Suministros internos y externos.
Recepción y almacenamiento de mercancías.
Organización del almacén. Distribución de pedidos**

1. No es una de las funciones propias de un celador en el Almacén General del Hospital:

a) Dispensar el material que le sea solicitado mediante un vale firmado debidamente por el solicitante.
b) Recepcionar el suministro mediante cotejo del albarán de entrega.
c) Informar al responsable del Almacén de las entradas diarias de material.
d) Vigilar las entradas y salidas del almacén.

2. ¿Qué tipo de clasificación ordena los artículos en clases "A", "B" y "C"?

a) Ley 70-30.
b) La clasificación ADR.
c) El método LIFO.
d) La clasificación de Pareto.

3. Normalmente el inventario tradicional, es decir, aquel que consiste en el recuento de los artículos del almacén, para lo cual este debe estar cerrado y todas las operaciones de entrada y salida de artículos debidamente interrumpidas, se realiza:

a) Una vez al año, generalmente al principio del año natural.
b) Una vez al año, generalmente al final del año natural.
c) Dos veces al año, generalmente al principio y a mediados del año natural.
d) Una vez por trimestre.

4. En un Almacén General del Hospital la persona que se encarga de realizar el cotejo del albarán de entrega es:

a) El auxiliar de almacén.
b) El celador de almacén.

c) El responsable del almacén.
d) El transportista.

5. ¿Cómo se denomina el criterio de valoración de mercancías que considera que las unidades que salen del almacén son las más antiguas, según el criterio de renovación de artículos "primero en entrar, primero en salir"?

a) Pareto.
b) FIFO.
c) LIFO.
d) "ABC".

6. El criterio de ordenación de la mercancía en un almacén que hace referencia a la idea de que los artículos solicitados, con frecuencia juntos, deberán ubicarse cercanos entre sí se denomina:

a) Compatibilidad.
b) Frecuencia.
c) Complementariedad.
d) Popularidad.

7. ¿Cuál es el primer paso en el proceso de adquisición de los suministros?

a) La planificación de adquisiciones.
b) La petición de material.
c) La previsión de aprovisionamientos.
d) El procedimiento administrativo de contratación.

8. ¿Cuál es la tarea intermedia, entre la previsión de aprovisionamientos y el procedimiento administrativo de contratación?

a) La planificación de adquisiciones.
b) La petición de material.
c) La recepción/revisión de mercancías.
d) La gestión de stock.

9. Según la clasificación de Pareto, ¿qué artículos serán los que se consumen menos y, como es lógico, tendrán una sustitución o rotación más lenta y se almacenarán en los lugares menos accesibles del almacén?

a) Los de clase "A".
b) Los de clase "B".
c) Los de clase "C".
d) Tanto los de clase "B" como los de clase "C".

10. ¿Cuál es la primera tarea que ha de llevar a cabo la Unidad de Suministros nada más recibir un pedido?

a) Emitir un dictamen de lo recepcionado.
b) Realizar un cuenteo del material.
c) Notificar la recepción a la unidad administrativa correspondiente.
d) Registrarlo.

11. ¿Cuál, seguramente, es la labor más importante de todo el sistema de suministro, ya que el buen o mal funcionamiento de la misma significará o no la disponibilidad de un stock físico fiable y de los controles que lo garanticen?

a) La recepción/revisión de mercancías.
b) El reaprovisionamiento.
c) La gestión de stock.
d) El mapa de almacén.

12. La función del celador encargado de almacén viene regulada:

a) En Acuerdo del Consejo de Ministros del 16/6/71.
b) En Real Decreto-Ley 6/90.
c) En Acuerdo del Consejo de Ministros de 29/6/90.
d) En Real Decreto-Ley 3/97.

13. Como finalidad el almacén tiene que:

a) Garantizar el funcionamiento del mismo.
b) Garantizar el aprovisionamiento del mismo.
c) Garantizar el aprovisionamiento a las distintas unidades y servicios en todo momento y a un coste razonable.
d) Garantizar una buena organización del servicio, mediante la distribución de pedidos.

14. En cuanto al procedimiento administrativo de contratación:

a) Es el procedimiento mediante el cual se adquieren determinados productos o servicios.
b) Este procedimiento debe respetar las normas de contratación administrativa.
c) Se establece en la Ley 9/2017, de 8 de noviembre.
d) Todas son correctas.

15. En toda petición del material se ha de indicar:

a) Denominación del material.
b) Código y cantidad solicitada.
c) Identificación del servicio, fecha y firma.
d) Todo lo anterior.

16. ¿De qué etapa forma parte la recepción y pago de la factura?

a) De la etapa de precompra.
b) De la etapa de compra.
c) De la etapa de postcompra.
d) Ninguna de las anteriores.

17. ¿Qué tipo de suministro es aquel que tiene como finalidad la de abastecer al Almacén, desde los distintos proveedores, de la mercancía destinada al suministro interno y que previamente ha sido solicitada?

a) Suministro interno.
b) Suministro externo.
c) Suministro interior.
d) Suministro exterior.

18. ¿Cuál de los siguientes no es un criterio de ordenación?

a) Tamaño.
b) Complementariedad.
c) Popularidad.
d) Color.

19. ¿Cuál de las siguientes no es una de las fases en las que se divide la recepción de mercancías?

a) Recepción simple de la mercancía.
b) Revisión de la mercancía.
c) Control de calidad.
d) Todas son correctas.

20. ¿Cuál de los siguientes no es un almacén de materiales de uso relacionado directamente con los enfermos?

a) Almacén de farmacia.
b) Almacén de material clínico fungible.
c) Almacén de material quirúrgico y aparataje.
d) Almacén de mantenimiento.

En MADTEST tienes **más preguntas de este tema**, y todos tus avances quedan registrados y se reflejan en el ranking.

¡Supera tus límites con MADTEST!

Solución al test n.º 16

1. a) Dispensar el material que le sea solicitado mediante un vale firmado debidamente por el solicitante.

2. d) La clasificación de Pareto.

3. b) Una vez al año, generalmente al final del año natural.

4. b) El celador de almacén.

5. b) FIFO.

6. c) Complementariedad.

7. c) La previsión de aprovisionamientos.

8. a) La planificación de adquisiciones.

9. c) Los de clase "C".

10. d) Registrarlo.

11. c) La gestión de stock.

12. c) En Acuerdo del Consejo de Ministros de 29/6/90.

13. c) Garantizar el aprovisionamiento a las distintas unidades y servicios en todo momento y a un coste razonable.

14. d) Todas son correctas.

15. d) Todo lo anterior.

16. b) De la etapa de compra.

17. b) Suministro externo.

18. d) Color.

19. d) Todas son correctas.

20. d) Almacén de mantenimiento.

TEST N.º 17

Los contratos administrativos: concepto y clases. Contratos administrativos y contratos privados de la Administración

1. La contratación administrativa en el sector público viene regulada por:

a) La Ley 9/2017, de 8 de noviembre.
b) La Ley 6/2017, de 24 de octubre.
c) La Ley 3/2017, de 27 de junio.
d) La Ley 4/2017, de 25 de septiembre.

2. Están incluidos en el ámbito de la Ley de Contratos del Sector Público:

a) La relación de servicio de los funcionarios públicos y los contratos regulados en la legislación laboral.

b) Las relaciones jurídicas consistentes en la prestación de un servicio público cuya utilización por los usuarios requiera el abono de una tarifa, tasa o precio público de aplicación general.

c) Los contratos relativos a servicios de arbitraje y conciliación.

d) Los contratos onerosos, cualquiera que sea su naturaleza jurídica, que celebren las Mutuas de Accidentes de Trabajo y Enfermedades Profesionales de la Seguridad Social.

3. Los contratos que tienen por objeto la adquisición, el arrendamiento financiero, o el arrendamiento, con o sin opción de compra, de productos o bienes muebles, son:

a) Contratos de servicios.
b) Contratos de suministro.
c) Contratos de obras.
d) Contratos de gestión de servicios públicos.

4. No se consideran contratos de suministros:

a) Aquellos en los que el empresario se obligue a entregar una pluralidad de bienes de forma sucesiva y por precio unitario sin que la cuantía total se defina con exactitud al tiempo de celebrar el contrato, por estar subordinadas las entregas a las necesidades del adquirente.

b) Los que tengan por objeto la adquisición y el arrendamiento de equipos y sistemas de telecomunicaciones o para el tratamiento de la información, sus dispositivos y programas, y la cesión del derecho de uso de estos últimos.

c) Los de adquisición de programas de ordenador desarrollados a medida.

d) Los de fabricación, por los que la cosa o cosas que hayan de ser entregadas por el empresario deban ser elaboradas con arreglo a características peculiares fijadas previamente por la entidad contratante, aun cuando esta se obligue a aportar, total o parcialmente, los materiales precisos.

5. Están sujetos a regulación armonizada los contratos de obras y los contratos de concesión de obras públicas cuyo valor estimado sea igual o superior a:

a) 5.538.000 euros.
b) 6.581.000 euros.
c) 8.615.000 euros.
d) 1.861.000 euros.

6. Están sujetos a regulación armonizada los contratos de suministro adjudicados por la Administración General del Estado, sus organismos autónomos, o las Entidades Gestoras y Servicios Comunes de la Seguridad Social, cuyo valor estimado sea igual o superior a:

a) 5.538.000 euros.
b) 143.000 euros.
c) 221.000 euros.
d) 80.000 euros.

7. De los siguientes, son contratos privados los contratos celebrados por una Administración Pública que tengan por objeto:

a) La suscripción a revistas, publicaciones periódicas y bases de datos.
b) La concesión de servicios públicos.
c) Los contratos de colaboración entre el sector público y el sector privado.
d) La adquisición de suministros.

8. ¿Qué tipo de contratos están sometidos a la ley 9/2017, del 8 de noviembre, de Contratos del Sector Público?

a) Los contratos principales.
b) Los contratos accesorios.
c) Los contratos onerosos.
d) Los contratos gratuitos.

9. Señalar la opción incorrecta. Es objeto de la Ley 9/2017, regular la contratación del sector público, a fin de garantizar que la misma se ajusta a los principios de:

a) Simplificación de la formalización de los contratos.
b) Libertad de acceso a las licitaciones.
c) No discriminación e igualdad de trato entre los licitadores.
d) Publicidad y transparencia de los procedimientos.

10. Señalar la opción incorrecta. Es objeto de la Ley 9/2017, regular la contratación del sector público, a fin de asegurar, en conexión con el objetivo de estabilidad presupuestaria y control del gasto, y el principio de integridad, una eficiente utilización de los fondos destinados a la realización de obras, la adquisición de bienes y la contratación de servicios mediante:

a) La selección de la oferta económicamente más ventajosa.
b) La exigencia de la definición previa de las necesidades a satisfacer.
c) La salvaguarda de la libre competencia.
d) La reducción de las garantías exigibles.

11. Conforme al artículo 1.3 de la Ley 9/2017, siempre que guarde relación con el objeto del contrato, en toda contratación pública se incorporarán de manera transversal y preceptiva criterios sociales y:

a) Divulgativos.
b) Comunitarios.
c) Medioambientales.
d) Judiciales.

12. Conforme al artículo 3.4 de la Ley 9/2017, los partidos políticos, cuando cumplan los requisitos para ser poder adjudicador y respecto de los contratos sujetos a regulación armonizada, deberán actuar conforme a los principios de publicidad, concurrencia, transparencia, igualdad y:

a) No discriminación.
b) Eficacia.
c) Sometimiento a las leyes.
d) Legitimidad.

13. En virtud de la Ley 9/2017 (art. 6.1.a), se presumirá que las entidades intervinientes en un convenio tienen vocación de mercado cuando realicen en el mercado abierto un porcentaje de las actividades objeto de colaboración igual o superior a:

a) El 10 %.
b) El 20 %.
c) El 50 %.
d) El 30 %.

14. Se incluyen en el ámbito de aplicación de la Ley 9/2017:

a) Las relaciones jurídicas consistentes en la prestación de un servicio público cuya utilización por los usuarios requiera el abono de una tarifa, tasa o precio público de aplicación general.

b) Las encomiendas de gestión reguladas en la legislación vigente en materia de régimen jurídico del sector público.

c) Los contratos relativos a servicios de arbitraje y conciliación.

d) Los contratos subvencionados por entidades que tengan la consideración de poderes adjudicadores que celebren otras personas físicas o jurídicas en los supuestos previstos en el artículo 23 relativo a los contratos subvencionados sujetos a una regulación armonizada.

15. Un conjunto de trabajos de construcción o de ingeniería civil, destinado a cumplir por sí mismo una función económica o técnica, que tenga por objeto un bien inmueble, es denominado por la Ley 9/2017:

a) Una infraestructura.
b) Patrimonio material.
c) Una obra.
d) Un servicio público.

16. En un contrato de concesión de obras, cuando no esté garantizado que, en condiciones normales de funcionamiento, el concesionario vaya a recuperar las inversiones realizadas ni a cubrir los costes en que hubiera incurrido como consecuencia de la explotación de las obras que sean objeto de la concesión, se considerará que el mismo asume un riesgo:

a) Operacional.
b) Virtual.
c) General.
d) Provisional.

17. Los contratos que tengan por objeto la adquisición de energía primaria o energía transformada se consideran:

a) Contratos de concesión de servicios.
b) Contratos de suministros.
c) Contratos privados.
d) Contratos de servicios.

18. Deberá elaborarse un proyecto y tramitarse como la Ley 9/2017 dispone para los contratos de obras, el contrato mixto en que un elemento del contrato sea una obra y esta supere:

a) Los 50.000 euros.
b) Los 100.000 euros.

c) Los 5.000 euros.
d) Los 10.000 euros.

19. No podrán ser objeto de los contratos de servicios:

a) Los que impliquen ejercicio de la autoridad inherente a los poderes públicos.

b) Los que impliquen el desarrollo o mantenimiento de aplicaciones informáticas.

c) Los que tengan por objeto el desarrollo y la puesta a disposición de productos protegidos por un derecho de propiedad intelectual o industrial.

d) Los que tengan por objeto la prestación de actividades docentes en centros del sector público desarrolladas en forma de cursos de formación o perfeccionamiento del personal al servicio de la Administración.

20. Se consideran sujetos a regulación armonizada los contratos:

a) Relativos al tiempo de radiodifusión o al suministro de programas que sean adjudicados a proveedores del servicio de comunicación audiovisual o radiofónica.

b) De concesión adjudicados para la puesta a disposición o la explotación de redes fijas destinadas a prestar un servicio al público en relación con la producción, el transporte o la distribución de agua potable.

c) De concesión de obras cuyo valor estimado sea igual o superior a 5.538.000 euros.

d) Que tengan por objeto los servicios de certificación y autenticación de documentos que deban ser prestados por un notario público.

En MADTEST tienes **más preguntas de este tema**, y todos tus avances quedan registrados y se reflejan en el ranking.

¡Supera tus límites con MADTEST!

Solución al test n.º 17

1. a) La Ley 9/2017, de 8 de noviembre.

2. d) Los contratos onerosos, cualquiera que sea su naturaleza jurídica, que celebren las Mutuas de Accidentes de Trabajo y Enfermedades Profesionales de la Seguridad Social.

3. b) Contratos de suministro.

4. c) Los de adquisición de programas de ordenador desarrollados a medida.

5. a) 5.538.000 euros.

6. b) 143.000 euros.

7. a) La suscripción a revistas, publicaciones periódicas y bases de datos.

8. c) Los contratos onerosos.

9. a) Simplificación de la formalización de los contratos.

10. d) La reducción de las garantías exigibles.

11. c) Medioambientales.

12. a) No discriminación.

13. b) El 20 %.

14. d) Los contratos subvencionados por entidades que tengan la consideración de poderes adjudicadores que celebren otras personas físicas o jurídicas en los supuestos previstos en el artículo 23 relativo a los contratos subvencionados sujetos a una regulación armonizada.

15. c) Una obra.

16. a) Operacional.

17. b) Contratos de suministros.

18. a) Los 50.000 euros.

19. a) Los que impliquen ejercicio de la autoridad inherente a los poderes públicos.

20. c) De concesión de obras cuyo valor estimado sea igual o superior a 5.538.000 euros.

La nómina: confección, documentación y tramitación

1. ¿Qué norma se menciona como base para aplicar las actualizaciones retributivas en la Instrucción nº 2/25 del SCS?

a) Real Decreto-Ley 1/2025.
b) Orden del Ministerio de Sanidad.
c) Ley de Presupuestos Generales de la Comunidad Autónoma de Canarias.
d) Resolución del Ministerio de Hacienda y Función Pública.

2. ¿Qué límite establece la Instrucción nº 2/25 respecto al número máximo de días que pueden computarse en concepto de atención continuada mensual?

a) 8 días.
b) 10 días.
c) 12 días.
d) No se establece límite alguno.

3. ¿Cómo deben abonarse los trienios al personal con contratos de corta duración, según la Instrucción nº 2/25?

a) Solo se abonan al cumplir tres años de servicio continuado.
b) Se computan y abonan en proporción al tiempo efectivamente trabajado.
c) Se acumulan en una única nómina al final del año.
d) Se pagan junto con la paga extra de junio o diciembre.

4. ¿Qué identifica el "número de línea de nómina"?

a) La secuencia de tramitación electrónica.
b) Una agrupación contable dentro del fichero mensual.
c) La prioridad del pago.
d) El departamento generador.

5. ¿Qué tipo de concepto es "sueldo base"?

a) Percepción no periódica.
b) Deducción legal.
c) Retribución básica.
d) Complemento por servicios especiales.

6. ¿Qué retribución se abona únicamente dos veces al año?

a) Complemento específico.
b) Paga extraordinaria.
c) Antigüedad.
d) Productividad fija.

7. ¿Qué dato debe constar obligatoriamente en el campo "Grupo"?

a) El nivel de IRPF.
b) El grupo de cotización.
c) El nivel del complemento de destino.
d) El subgrupo de titulación.

8. ¿Qué indica la clave de percepción en la nómina?

a) La modalidad de contrato.
b) El tipo de retribución según el SCS.
c) El nivel económico del trabajador.
d) La tipología de tramitación.

9. ¿Qué limitación establece la Instrucción nº 2/25 respecto a las retribuciones por jornada complementaria?

a) No puede superar el 25% del sueldo base mensual.
b) No puede superar el número máximo de horas fijadas por normativa vigente.
c) Solo puede realizarse en servicios de urgencias.
d) Se debe justificar con informe de la Dirección Médica.

10. ¿Qué especifica el campo "Tipo de nómina"?

a) El centro responsable.
b) La modalidad de cotización.
c) La clasificación (ordinaria, extraordinaria, atrasos, etc.).
d) El régimen retributivo.

11. ¿Qué significa el código de concepto "110" en la nómina del SCS?

a) Antigüedad.
b) Trienio.
c) Sueldo base.
d) Complemento específico.

12. ¿Qué percepción se encuentra en el grupo de "percepciones extrasalariales"?

a) Paga extraordinaria.
b) Complemento específico.
c) Sueldo base.
d) Indemnización por residencia.

13. ¿Qué disposición transitoria incluye la Instrucción nº 2/25 para el personal en comisión de servicios?

a) Se congela su sueldo base hasta resolución definitiva.
b) No podrán percibir complementos variables.
c) Mantendrán las retribuciones del puesto de origen si son superiores.
d) Pasan automáticamente al régimen general retributivo.

14. ¿Qué criterio se aplica para el devengo del complemento de carrera profesional en personal temporal, según la Instrucción nº 2/25?

a) Requiere 10 años de servicios continuados.
b) Solo se reconoce si han prestado servicios en otras comunidades.
c) Se abona exclusivamente a personal fijo.
d) Es aplicable si se han consolidado niveles por resolución previa.

15. ¿Cómo se actualizan los importes del complemento específico en 2025, según la Instrucción nº 2/25?

a) No se actualizan en 2025.
b) Se revisan en función del IPC real del año anterior.
c) Se incrementan conforme al porcentaje fijado en la Ley de Presupuestos.
d) Se ajustan mediante negociación colectiva trimestral.

16. Según la Instrucción de 2025 del SCS, ¿qué aspecto debe garantizarse en la información contenida en las nóminas electrónicas?

a) Que esté redactada exclusivamente en lenguaje técnico-administrativo.
b) Que sea validada por el centro gestor antes del día 5 de cada mes.
c) Que sea comprensible, accesible y detallada para cada empleado.
d) Que solo contenga los conceptos retributivos acumulados anualmente.

17. ¿Qué establece la Instrucción de la Dirección General de Recursos Humanos del SCS de 2025 respecto a la publicación de las nóminas?

a) Que debe incluirse un código QR en la nómina para validar su autenticidad.

b) Que se garantizará la publicación telemática y personalizada para cada empleado a través del portal del empleado.

c) Que deben ser impresas en papel reciclado y remitidas por correo interno.

d) Que será obligatorio entregar la nómina en soporte físico con acuse de recibo.

18. ¿Cuál es el tratamiento retributivo de las sustituciones por incapacidad temporal en el SCS según la Instrucción nº 2/25?

a) Se prorratean según el complemento de destino.

b) Se retribuyen al 100% desde el primer día, sin complementos.

c) Se abonan con los mismos derechos retributivos que el titular sustituido.

d) Se retribuyen únicamente con el sueldo base y trienios.

19. ¿Qué retribución complementaria se encuentra sujeta a evaluación de objetivos, según la Instrucción nº 2/25?

a) Trienios.

b) Paga extraordinaria.

c) Complemento de destino.

d) Complemento de productividad.

20. ¿Qué personal tiene derecho al complemento de atención continuada según la Instrucción nº 2/25?

a) Personal administrativo en jornada ordinaria.

b) Personal sanitario en servicios centrales.

c) Personal que realice guardias médicas o localizadas.

d) Todo el personal estatutario fijo.

En MADTEST tienes **más preguntas de este tema**, y todos tus avances quedan registrados y se reflejan en el ranking.

¡Supera tus límites con MADTEST!

Solución al test n.º 18

1. c) Ley de Presupuestos Generales de la Comunidad Autónoma de Canarias.

2. c) 12 días.

3. b) Se computan y abonan en proporción al tiempo efectivamente trabajado.

4. b) Una agrupación contable dentro del fichero mensual.

5. c) Retribución básica.

6. b) Paga extraordinaria.

7. b) El grupo de cotización.

8. b) El tipo de retribución según el SCS.

9. b) No puede superar el número máximo de horas fijadas por normativa vigente.

10. c) La clasificación (ordinaria, extraordinaria, atrasos, etc.).

11. c) Sueldo base.

12. d) Indemnización por residencia.

13. c) Mantendrán las retribuciones del puesto de origen si son superiores.

14. d) Es aplicable si se han consolidado niveles por resolución previa.

15. c) Se incrementan conforme al porcentaje fijado en la Ley de Presupuestos.

16. c) Que sea comprensible, accesible y detallada para cada empleado.

17. b) Que se garantizará la publicación telemática y personalizada para cada empleado a través del portal del empleado.

18. c) Se abonan con los mismos derechos retributivos que el titular sustituido.

19. d) Complemento de productividad.

20. c) Personal que realice guardias médicas o localizadas.

Del Decreto 1/2015, por el que se regula la expedición de certificados, copias compulsadas, copias selladas y copias auténticas de documentos en la Administración Pública de la Comunidad Autónoma de Canarias, el objeto y ámbito de aplicación. Definiciones. Competencia para la emisión de certificaciones

1. En relación a las copias realizadas por las Administraciones Públicas:

a) Las copias auténticas de documentos privados surten efectos frente a todos o "erga omnes".

b) Tendrán la misma validez y eficacia que los documentos originales, ya sean estos públicos o privados, aunque solo surten efectos administrativos.

c) Su regulación por la Ley 39/15 alcanza a la expedición de copias auténticas de documentos públicos notariales, registrales y judiciales, así como de los diarios oficiales.

d) Todas las anteriores son ciertas.

2. El objeto del Decreto 1/2015, de 22 de enero, no abarca:

a) La expedición de copias auténticas.

b) La actividad de compulsa de copias.

c) La certificación de los actos presuntos.

d) La expedición de certificados por las entidades de derecho público dependientes de la Administración de Canarias.

3. El documento en el que se materializa el acto administrativo de constatar los extremos, datos y contenidos de los documentos obrantes en un expediente se denomina:

a) Compulsa.

b) Certificación.

c) Cotejo.

d) Certificado.

4. Se llama copia compulsada a:

a) La acción de comparar una copia de un documento con otro, con el objeto de comprobar que son idénticos.

b) La reproducción de un documento sobre el que el empleado público ante el que se presenta hace constar, previo cotejo, su coincidencia exacta con el original del que es copia.

c) La reproducción exacta de un documento acreditando su autenticidad.

d) La actuación administrativa, consistente en el cotejo o la comprobación de que una copia se corresponde con su original.

5. Entre los derechos en el ámbito de la educación reconocido estatutariamente en la Comunidad Autónoma de Canarias se garantiza:

a) A los ciudadanos residentes en Canarias con derecho a la asistencia sanitaria pública.

b) A todos los ciudadanos residentes en Canarias.

c) A todos aquellos que tienen derecho a sanidad pública.

d) A todos los españoles y aquellos extranjeros residentes en Canarias con derecho a la sanidad pública.

6. La copia compulsada es la reproducción de un documento:

a) Público siempre.

b) Privado en todo caso.

c) Tanto público como privado.

d) Esa no es la definición correcta.

7. Indica cuál de las siguientes afirmaciones sobre la actividad administrativa de compulsa es falsa:

a) Consiste en el cotejo o la comprobación de que una copia se corresponde con su original.

b) Acredita la autenticidad del documento original.

c) Es una actuación administrativa.

d) Lleva a poder afirmar que la copia es exacta al original.

8. La reproducción de un documento, ya sea original o copia que, previo cotejo, acredita su presentación en los registros de los órganos y entidades incluidos en el ámbito de aplicación del Decreto 1/2015 se llama:

a) Copia simple.

b) Copia auténtica.

c) Copia autorizada.

d) Copia sellada.

9. El acto administrativo de declaración formal por el que un órgano administrativo o personal funcionario constata los datos inscritos en un registro público responde al nombre de:

a) Certificación.

b) Cotejo.

c) Sellado simple.

d) Compulsa.

10. Serán competentes para emitir los actos de certificación respecto de los datos que obren en los expedientes que tramiten o tengan bajo su custodia:

a) Las personas titulares de los servicios, secciones y negociados.
b) Los funcionarios adscritos a los órganos que hayan emitido los documentos.
c) El personal al servicio de las unidades de registro.
d) Ninguno de los anteriores.

11. ¿Qué regula el Decreto 1/2015, de 22 de enero?

a) La expedición de licencias urbanísticas en Canarias.
b) La expedición de certificados, copias compulsadas, copias selladas y copias auténticas en la Administración Pública de Canarias.
c) El procedimiento sancionador en la Comunidad Autónoma de Canarias.
d) La organización del Servicio Canario de Salud.

12. ¿Qué documento no queda incluido en la regulación del acto administrativo de certificación del Decreto 1/2015?

a) Certificados de actos presuntos previstos en la Ley 39/2015.
b) Copias compulsadas.
c) Copias selladas.
d) Certificados ordinarios.

13. ¿Qué se entiende por "certificación" según el Decreto 1/2015?

a) Un documento que acredita la autenticidad de un original.
b) Un acto administrativo de declaración formal que constata datos y contenidos de documentos en un expediente administrativo.
c) Una reproducción exacta de un documento.
d) La acción de cotejar dos copias de documentos.

14. ¿Cuál es el documento en el que se plasma el acto administrativo de certificación?

a) Compulsa.
b) Copia auténtica.
c) Certificado.
d) Copia sellada.

15. ¿Qué es el cotejo?

a) Un acto administrativo que declara formalmente la autenticidad de un documento.
b) La acción de comparar una copia con un original para comprobar que son idénticos.
c) Un documento que materializa la certificación.
d) La digitalización de un documento.

16. ¿Cuál de las siguientes afirmaciones sobre la compulsa es correcta?

a) Acredita la autenticidad del documento original.
b) Consiste en cotejar una copia con un original para afirmar que son idénticos.
c) Es una copia electrónica con metadatos de autenticidad.
d) Tiene los mismos efectos jurídicos que el documento original.

17. ¿Qué es una copia sellada según el Decreto 1/2015?

a) Una reproducción de un documento, original o copia, que acredita su presentación en registros tras cotejo.
b) Una copia electrónica autenticada mediante metadatos.
c) Un documento que materializa la certificación.
d) Una digitalización con efectos administrativos.

18. ¿Qué característica distingue a la copia auténtica de otros tipos de copia?

a) Que siempre se expide en soporte papel.
b) Que tiene efectos certificantes y la misma validez que el documento original.
c) Que solo se aplica a documentos privados.
d) Que se expide únicamente a petición judicial.

19. ¿Quiénes son competentes para emitir actos de certificación?

a) Únicamente el personal funcionario de registro.
b) Solo las personas titulares de órganos administrativos.
c) Las personas titulares de servicios, secciones y negociados; responsables de registros; personal de información al ciudadano; y órganos con competencia atribuida.
d) Cualquier ciudadano que lo solicite.

20. ¿Qué órganos pueden emitir certificaciones en caso de actuaciones administrativas automatizadas?

a) Los órganos administrativos correspondientes, según su normativa reguladora.
b) Exclusivamente la Administración General del Estado.
c) Únicamente los funcionarios habilitados por el Ministerio de Justicia.
d) Ninguno, ya que no procede en este supuesto.

En MADTEST tienes **más preguntas de este tema**, y todos tus avances quedan registrados y se reflejan en el ranking.

¡Supera tus límites con MADTEST!

Solución al test n.º 19

1. b) Tendrán la misma validez y eficacia que los documentos originales, ya sean estos públicos o privados, aunque solo surten efectos administrativos.

2. c) La certificación de los actos presuntos.

3. d) Certificado.

4. b) La reproducción de un documento sobre el que el empleado público ante el que se presenta hace constar, previo cotejo, su coincidencia exacta con el original del que es copia.

5. a) A los ciudadanos residentes en Canarias con derecho a la asistencia sanitaria pública.

6. c) Tanto público como privado.

7. b) Acredita la autenticidad del documento original.

8. d) Copia sellada.

9. a) Certificación.

10. a) Las personas titulares de los servicios, secciones y negociados.

11. b) La expedición de certificados, copias compulsadas, copias selladas y copias auténticas en la Administración Pública de Canarias.

12. a) Certificados de actos presuntos previstos en la Ley 39/2015.

13. b) Un acto administrativo de declaración formal que constata datos y contenidos de documentos en un expediente administrativo.

14. c) Certificado.

15. b) La acción de comparar una copia con un original para comprobar que son idénticos.

16. b) Consiste en cotejar una copia con un original para afirmar que son idénticos.

17. a) Una reproducción de un documento, original o copia, que acredita su presentación en registros tras cotejo.

18. b) Que tiene efectos certificantes y la misma validez que el documento original.

19. c) Las personas titulares de servicios, secciones y negociados; responsables de registros; personal de información al ciudadano; y órganos con competencia atribuida.

20. a) Los órganos administrativos correspondientes, según su normativa reguladora.

Del Decreto Territorial 116/2006, de 1 de agosto, por el que se regula el sistema de organización, gestión e información de las listas de espera en el ámbito sanitario, el objeto y ámbito de aplicación. Organización y funciones sanitarias en materia de listas de espera

1. El sistema de organización, gestión e información de las listas de espera en el ámbito sanitario se regula con rango de:

a) Orden.
b) Resolución.
c) Ley.
d) Decreto.

2. ¿Qué finalidad tienen las medidas reguladas en el Decreto 116/2006?

a) La regulación del sistema de información de las listas de espera.
b) La reordenación de las listas de espera.
c) La coordinación de las listas de espera quirúrgica y las de consulta especializada.
d) La reducción de las listas de espera.

3. El Decreto 116/2006, de 1 de agosto se aplicará:

a) A todos los centros y servicios de la Red Hospitalaria de Utilización Pública del Servicio Canario de la Salud sin incluir los centros y servicios concertados.
b) A todos los centros y servicios de la Red Hospitalaria de Utilización Pública del Servicio Canario de la Salud y a los centros y servicios concertados.
c) Solo a los centros y servicios concertados.
d) Ninguna es correcta.

4. La aplicación del Decreto 116/2006, afectará a todos los pacientes con derecho a la asistencia sanitaria pública en el Sistema Canario de Salud que se encuentren en alguna de las situaciones siguientes (señale la respuesta incorrecta):

a) Pacientes con indicación quirúrgica urgente de un procedimiento diagnóstico/terapéutico, establecido por el correspondiente facultativo especialista quirúrgico de la red pública.

b) Pacientes en espera para ser atendidos en primeras consultas de asistencia especializada.

c) Pacientes en espera para ser atendidos para la realización de pruebas diagnósticas/terapéuticas en atención hospitalaria solicitadas por un médico de la red pública, teniendo documentada tal petición.

d) Todas son correctas.

5. Es competencia de la Dirección General competente en materia de programas asistenciales:

a) Aprobar las propuestas contenidas en los Planes de Actuación elaborados por las Gerencias de los Hospitales de la Red Hospitalaria de Utilización Pública.

b) Determinar, a la vista de las propuestas e informes pertinentes, los volúmenes máximos y mínimos de actividad quirúrgica, primeras consultas especializadas y primeras pruebas diagnósticas/terapéuticas, necesarios para alcanzar los objetivos de reducción de las listas de espera y los recursos necesarios para su consecución.

c) Establecer y coordinar los flujos de pacientes con el fin de garantizar el cumplimiento del objetivo de reducción de las listas de espera.

d) Todas son correctas.

6. El órgano encargado del seguimiento y evaluación de las medidas adoptadas para la reducción de las listas de espera es:

a) El Comité Técnico Regional.
b) El Comité Técnico Regional Quirúrgico.
c) La Dirección del Servicio Canario de la Salud.
d) El Comité Técnico Hospitalario.

7. La composición y funciones de los Comités Técnicos Hospitalarios se establecerán:

a) Por Ley.
b) Por Decreto.
c) Por Orden departamental de la Consejería competente en materia de sanidad.
d) Por Resolución.

8. En cada centro de la Red Hospitalaria de Utilización Pública, y para potenciar la participación de los profesionales vinculados con el objetivo de reducción de las listas de espera, se constituirán los siguientes Comités Técnicos (señale la respuesta incorrecta):

a) Comité Técnico Quirúrgico.
b) Comité Técnico de Consultas Especializadas y Pruebas Diagnósticas/Terapéuticas.
c) Comité Técnico de Consultas en Salud Mental.
d) Todas son correctas.

9. ¿Quién fija los tiempos máximos de permanencia en las listas de espera quirúrgica y de consulta especializada y de pruebas diagnósticas/terapéuticas?

a) El Comité Técnico correspondiente.
b) El titular de la Consejería competente en materia de sanidad.
c) La Dirección del Servicio Canario de la Salud.
d) El Comité Técnico Hospitalario.

10. El inicio del cómputo del tiempo máximo de permanencia en lista de espera para intervenciones quirúrgicas se efectuará:

a) A partir del día siguiente al de la prescripción por el facultativo.
b) Desde el mismo día de la prescripción del facultativo.
c) Desde el momento que decida el facultativo que no podrá demorarse más de cinco días.
d) Ninguna es correcta.

11. El tiempo máximo de permanencia en lista de espera se interrumpirá:

a) En todo caso.
b) En caso de causas debidamente justificadas alegadas por el paciente, como asuntos particulares.
c) En caso de conflicto colectivo.
d) En ningún caso.

12. ¿Quién puede recibir información personalizada sobre la intervención quirúrgica?

a) Únicamente el paciente.
b) El paciente o su representante legal.
c) El paciente, su representante legal o persona debidamente autorizada.
d) Ninguna es correcta.

13. Indique la opción correcta, respecto de los ficheros de datos de pacientes en listas de espera:

a) Los ficheros estarán adscritos a la Dirección General competente en materia de programas asistenciales del Servicio Canario de la Salud, a través de la unidad de gestión de listas de espera.
b) Los datos relativos a los ficheros, su ámbito de aplicación y su gestión vendrán regulados por Ley.
c) Se crea un fichero de datos de carácter personal de pacientes en listas de espera para ser atendidos en primera consulta.
d) Todas son correctas.

14. La Consejería competente en materia de sanidad, teniendo en cuenta las previsiones reguladas en la normativa básica, proporcionará la siguiente información general sobre las listas de espera:

a) Estado de situación de las listas de espera en la Comunidad Autónoma de Canarias.
b) Tiempos mínimos de espera en cada una de las listas.
c) Tiempos máximos de espera en cada una de las listas.
d) Son correctas a) y c).

15. Transcurrido el tiempo máximo de programación sin que el centro o servicio sanitario hubiera fijado la fecha de la cita correspondiente:

a) Se anula la cita.
b) Se podrá derivar al paciente a otro centro o servicio de la Red Hospitalaria de Utilización Pública del Servicio Canario de la Salud o, en su caso, a un centro o servicio concertado.
c) Se deberá atender en un plazo máximo de 7 días.
d) Ninguna es correcta.

16. El tiempo máximo de permanencia en lista de espera se interrumpirá cuando concurra alguno de los siguientes supuestos:

a) Causas clínicas valoradas por el facultativo responsable que aconsejen retrasar la intervención, la realización de la consulta o la práctica de la prueba y durante el tiempo que se determine y sea necesario para su desaparición.
b) Causas debidamente justificadas alegadas por el paciente como nacimiento de hijo y durante 30 días naturales.
c) Causas debidamente justificadas alegadas por el paciente como matrimonio, con una duración de 10 días naturales.
d) Causas debidamente justificadas alegadas por el paciente como fallecimiento o enfermedad grave de un familiar hasta el cuarto grado de consanguinidad o afinidad, por cinco días naturales.

17. Por la firma de unas escrituras públicas, causa alegada por el paciente, ¿se puede interrumpir el tiempo máximo de permanencia en lista de espera?

a) No, en ningún caso.
b) No, puesto que no se refiere a la conciliación de la vida familiar.
c) Sí, puesto que es por cumplimiento de un deber inexcusable de carácter personal.
d) Ninguna es correcta.

18. La interrupción del tiempo máximo de permanencia en lista de espera:

a) No tendrá reflejo en el sistema de información de las listas de espera.
b) Tendrá efectos estadísticos.

c) No se contempla en el Decreto 116/2006.
d) Ninguna es correcta.

19. Indique la opción correcta respecto a los Comités Técnicos Regionales:

a) Tienen funciones de asesoramiento.
b) Colaboran en la actualización de protocolos y guías de práctica clínica.
c) Están integrados por los Presidentes de cada uno de los Comités Técnicos Hospitalarios.
d) Todas son correctas.

20. Indique, entre las siguientes, una función de la Dirección General competente en materia de programas asistenciales:

a) Proponer a la Dirección del Servicio Canario de la Salud los criterios de inclusión en las listas de espera, de conformidad con lo establecido en la normativa básica de aplicación.
b) Seguimiento y evaluación de las medidas adoptadas para la reducción de las listas de espera.
c) Establecer un cronograma para la reducción de la demora existente, a partir de la información proporcionada por los distintos centros integrados en la Red Hospitalaria de Utilización Pública.
d) Todas son correctas.

En MADTEST tienes **más preguntas de este tema**, y todos tus avances quedan registrados y se reflejan en el ranking.

¡Supera tus límites con MADTEST!

Solución al test n.º 20

1. d) Decreto.

2. d) La reducción de las listas de espera.

3. b) A todos los centros y servicios de la Red Hospitalaria de Utilización Pública del Servicio Canario de la Salud y a los centros y servicios concertados.

4. a) Pacientes con indicación quirúrgica urgente de un procedimiento diagnóstico/ terapéutico, establecido por el correspondiente facultativo especialista quirúrgico de la red pública.

5. d) Todas son correctas.

6. c) La Dirección del Servicio Canario de la Salud.

7. c) Por Orden departamental de la Consejería competente en materia de sanidad.

8. c) Comité Técnico de Consultas en Salud Mental.

9. b) El titular de la Consejería competente en materia de sanidad.

10. a) A partir del día siguiente al de la prescripción por el facultativo.

11. c) En caso de conflicto colectivo.

12. c) El paciente, su representante legal o persona debidamente autorizada.

13. a) Los ficheros estarán adscritos a la Dirección General competente en materia de programas asistenciales del Servicio Canario de la Salud, a través de la unidad de gestión de listas de espera.

14. d) Son correctas a) y c).

15. b) Se podrá derivar al paciente a otro centro o servicio de la Red Hospitalaria de Utilización Pública del Servicio Canario de la Salud o, en su caso, a un centro o servicio concertado.

16. a) Causas clínicas valoradas por el facultativo responsable que aconsejen retrasar la intervención, la realización de la consulta o la práctica de la prueba y durante el tiempo que se determine y sea necesario para su desaparición.

17. c) Sí, puesto que es por cumplimiento de un deber inexcusable de carácter personal.

18. d) Ninguna es correcta.

19. d) Todas son correctas.

20. a) Proponer a la Dirección del Servicio Canario de la Salud los criterios de inclusión en las listas de espera, de conformidad con lo establecido en la normativa básica de aplicación.

TEST N.º 21

Los sistemas ofimáticos. Procesadores de texto: concepto, funcionalidades principales, plantillas, combinación de correspondencia. Bases de Datos: concepto, funcionalidades, tablas, formularios, consultas, informes, relaciones. Hojas de Cálculo: concepto, funcionalidades, tablas dinámicas, funciones, gráficos. Presentaciones: concepto y funcionalidades principales

1. Para moverse al inicio del documento con el teclado, ¿qué debe pulsar?

a) RePág.
b) Inicio.
c) Ctrl + Inicio.
d) Alt + Inicio.

2. Para seleccionar todo el documento, ¿qué tecla debe pulsar?

a) Ctrl + E.
b) Ctrl + C.
c) Ctrl + V.
d) Ctrl + X.

3. ¿Qué tecla debe mantener pulsada para seleccionar junto con las teclas de desplazamiento (arriba, abajo, izquierda y derecha)?

a) Ctrl.
b) Enter.
c) Alt.
d) Shift.

4. Para cortar un texto ya seleccionado, ¿qué combinación de teclas tiene que pulsar?

a) Ctrl + X.
b) Ctrl + C.

c) Ctrl + V.
d) Ctrl + E.

5. Para guardar los cambios realizados, ¿qué combinación de teclas tiene que pulsar?

a) Ctrl + C.
b) Ctrl + V.
c) Ctrl + E.
d) Ctrl + G.

6. La celda de la fila 2 y columna B, ¿cómo se referencia?

a) 2B.
b) B2.
c) Las dos opciones primeras son correctas.
d) Las dos opciones primeras son falsas.

7. ¿Cómo se referencia el rango que va de la celda A1 hasta la celda A10?

a) 1A:10A.
b) A10:A1.
c) A1:A10.
d) A1, A10.

8. ¿Cuántas columnas tiene una hoja de cálculo?

a) 3 por defecto.
b) Las que se ven en pantalla.
c) 65.635.
d) 1024.

9. Si pulsa Ctrl + Fin, ¿hacia dónde le lleva el cursor?

a) A la última fila.
b) A la última columna.
c) A la celda de la última columna y última fila que tenga datos.
d) A la celda de la última columna y última fila.

10. Por defecto, si ve un 1 en una celda, ¿cómo sabrá si se trata del número 1 o del carácter 1?

a) Si está alineado a la derecha es el número, si no, será el carácter 1.
b) Si está alineado a la izquierda es el número, si no, será el carácter 1.
c) Si está alineado en el centro es el número 1, si no, será el carácter 1.
d) Si está en cursiva es el número 1, si no, será el carácter 1.

11. En una tabla, el campo que tiene que tener siempre se denomina:

a) Llave primitiva.
b) Llave primaria.
c) Llave principal.
d) Llave óptima.

12. ¿En qué casos la llave primaria puede estar sin valor?

a) Cuando es de tipo Integer.
b) En ningún caso.
c) Cuando es de tipo fecha.
d) Cuando es de tipo Numeric.

13. En el tipo Integer, ¿hasta cuántos dígitos puede tener el dato?

a) Hasta 4.
b) Hasta 5.
c) Hasta 6.
d) Hasta 10.

14. En el tipo VARCHAR, ¿hasta cuántos caracteres se pueden escribir en el campo?

a) Hasta 256.
b) Hasta 1024.
c) Hasta 32700.
d) Hasta 2040.

15. En la tabla Libro que tiene los siguientes atributos: Autor/a, ISBN, Título, Año, ¿cuál de los atributos pondrías como llave primaria?

a) Autor/a.
b) ISBN.
c) Año.
d) Título.

16. El programa de LibreOffice de diapositivas se denomina:

a) Power Point.
b) Calc.
c) Writer.
d) Impress.

17. Para duplicar una diapositiva hay que dirigirse al menú:

a) Archivo.
b) Insertar.

c) Presentación.
d) Edición.

18. Para introducir unas viñetas en una presentación te tienes que dirigir al menú:

a) Archivo.
b) Formato.
c) Presentación.
d) Edición.

19. Si pulsas Ctrl+P en el Impress, ¿qué deseas?

a) Guardar la presentación.
b) Cerrar la presentación.
c) Iniciar la presentación.
d) Imprimir la presentación.

20. Para exportar a pdf una presentación hay que ir al menú...

a) Archivo.
b) Formato.
c) Presentación.
d) Edición.

En MADTEST tienes **más preguntas de este tema**, y todos tus avances quedan registrados y se reflejan en el ranking.

¡Supera tus límites con MADTEST!

Solución al test n.º 21

1. c) Ctrl + Inicio.

2. a) Ctrl + E.

3. d) Shift.

4. a) Ctrl + X.

5. d) Ctrl + G.

6. b) B2.

7. c) A1:A10.

8. d) 1024.

9. c) A la celda de la última columna y última fila que tenga datos.

10. a) Si está alineado a la derecha es el número, si no, será el carácter 1.

11. b) Llave primaria.

12. b) En ningún caso.

13. d) Hasta 10.

14. c) Hasta 32700.

15. b) ISBN.

16. d) Impress.

17. b) Insertar.

18. b) Formato.

19. d) Imprimir la presentación.

20. a) Archivo.

TEST N.º 22

Herramientas informáticas. Internet, Intranet y Correo electrónico: conceptos básicos, navegadores, búsquedas y acceso a la información, principales protocolos y servicios. Plataformas virtuales de teleformación. La Administración Electrónica y sus utilidades. Soportes de la Administración electrónica: la firma electrónica. El certificado digital

1. ¿Por qué se dice que Internet es libre?

a) Porque es gratuito.
b) Es una tecnología gratuita.
c) Es una tecnología gratuita y de libre uso.
d) Todas las respuestas son correctas.

2. ¿Qué es el Sitemap?

a) Una página Web.
b) Indica la estructura de una página Web.
c) Es un siteweb.
d) Indica la estructura de un siteweb.

3. ¿Qué problemas presenta la conexión a Internet por la RTC?

a) Es más cara.
b) Velocidad como máximo 56 kbps.
c) No se puede hablar por teléfono.
d) Las dos respuestas anteriores son correctas.

4. En una conexión ADSL, ¿qué elemento es necesario para poder hablar por teléfono y tener acceso a Internet?

a) Filtro separador ya que se trabajan a altas frecuencias.
b) Un atenuador.
c) Un amplificador.
d) Una resistencia.

5. ¿Qué servicio se utiliza para conectar a equipos remotos mediante la Red emulando un terminal del equipo al que se realiza la conexión?

a) FTP.
b) SMTP.
c) Telnet.
d) HTTP.

6. ¿Dónde se guardan las direcciones que ha visitado recientemente?

a) Favoritos.
b) Historial.
c) Página de inicio.
d) Ninguna de las respuestas anteriores es correcta.

7. En la dirección certificadoprofesionalidad@gmail.com, cuál es el dominio:

a) certificadoprofesionalidad.
b) gmail.
c) @.
d) .com.

8. Cuál de las siguientes direcciones no equivale a la dirección certificadoprofesionalidad@gmail.com:

a) Certificadoprofesionalidad@gmail.com.
b) CERtificadoprofesionalidad@gmail.com.
c) CERtificaDoprofesionalidad@gmail.com.
d) Todas las anteriores son correctas porque en las direcciones de correo no se diferencian entre mayúsculas y minúsculas.

9. Cuál de las siguientes cadenas de caracteres sería una mejor contraseña en el correo electrónico:

a) Casa.
b) Casa_23.
c) Casa_232@.
d) 346768975432.

10. ¿Qué sistema de hosting ofrece espacio en un servidor virtualizado, que permite mayor control que el compartido?

a) Compartido.
b) VPS.
c) en la nube.
d) Administrado.

11. ¿Cuál de los siguientes buscadores otorga más privacidad al usuario?

a) Duckduckgo.
b) Google.
c) Yahoo.
d) Bing.

12. ¿Cuáles son las teclas para abrir una ventana de exploración Inprivate?

a) Ctrl +I
b) Ctrl+P
c) Ctrl+Mayúsc+P
d) Ctrl + Mayúsc + I

13. ¿Cómo se denomina la tecnología para compartir una IP pública entre varios usuarios?

a) ADSL.
b) CG-NAT.
c) CG-IP.
d) IP-NAT

14. ¿Cuál de las siguientes plataformas se considera como gestor de contenidos?

a) PHPNuke.
b) WebCT.
c) Saba.
d) Moodle.

15. ¿Cuál de los siguientes términos es un lenguaje de programación Web?

a) Telnet.
b) TCP.
c) Webmail.
d) PHP.

16. ¿Cuál de las siguientes direcciones IP es incorrecta?

a) 192.168.1.23
b) 125.125.125.125
c) 87.45.275.4
d) 57.56.58.59

17. Para transmitir conversaciones sobre las redes de datos se usa:

a) VoIP.
b) TuIP.

c) PHP.
d) Telnet.

18. El protocolo de acceso de seguridad para contenidos web se reconoce por:

a) Http.
b) Htts.
c) Htps.
d) Https.

19. Mediante el modo de navegación Inprivate nos aseguramos de:

a) Guardar todas las cookies.
b) Guardar todas las páginas visitadas.
c) No guardar cookies.
d) Navegar más rápido.

20. Para poder almacenar archivos en la web podemos usar:

a) Clientes FTP.
b) TCP.
c) Telnet.
d) Google.

En MADTEST tienes **más preguntas de este tema**, y todos tus avances quedan registrados y se reflejan en el ranking.

¡Supera tus límites con MADTEST!

Solución al test n.º 22

1. c) Es una tecnología gratuita y de libre uso.

2. d) Indica la estructura de un siteweb.

3. d) Las dos respuestas anteriores son correctas.

4. a) Filtro separador ya que se trabajan a altas frecuencias.

5. c) Telnet.

6. b) Historial.

7. b) gmail.

8. d) Todas las anteriores son correctas porque en las direcciones de correo no se diferencian entre mayúsculas y minúsculas.

9. c) Casa_232@.

10. b) VPS.

11. a) Duckduckgo.

12. c) Ctrl+Mayúsc+P

13. b). CG-NAT.

14. a) PHPNuke.

15. d) PHP.

16. c) 87.45.275.4

17. a) VoIP.

18. d) Https.

19. c) No guardar cookies.

20. a) Clientes FTP.

Cómo acceder al Curso

Grupo Auxiliar Administrativo de la Función Administrativa
Test del temario

El uso de los códigos **es exclusivo de los compradores de los productos de Editorial MAD**. Cada producto posee un código único y de un solo uso. Es personal e intransferible y da acceso a servicios y contenidos adicionales. Editorial MAD se reserva el derecho de hacer cuantas comprobaciones sean necesarias para identificar al legítimo poseedor del código y dejar de dar servicio a quien haga uso fraudulento del mismo, además de emprender cuantas acciones legales estime oportunas según la legislación vigente.

Deberás acceder a:

mad.es/registro-campus

Si una vez aceptadas las condiciones de uso del Campus decides hacer uso del mismo, necesitarás del siguiente código de acceso junto con los códigos del resto de títulos que se exigen (si fuera el caso):

XU61BWL9Q5